网 电 战

NETWORK ELECTRONIC WARFARE

谈何易　张　珂　著

电子工业出版社
Publishing House of Electronics Industry
北京·BEIJING

内 容 简 介

网电战源自网络战和电子战的殊途同归，代表了战争形态的演变趋势，是未来战争中夺取制信息权、确保信息优势的核心作战样式。本书初步构建了网电战理论体系，从信息及其对抗活动的本源出发，追溯了网电战概念的由来，探讨了电子信息技术和网络技术，以及相关对抗手段、形式和作用的发展变化历程；在此基础上对比借鉴其他军事强国的主要观点认识和建设运用经验，分层揭示了网电战的制胜机理，并提出了相关对策和建议。

本书可作为军事理论研究人员、网电领域从业人员的参考用书，也可作为军事爱好者的业余读物。

未经许可，不得以任何方式复制或抄袭本书之部分或全部内容。
版权所有，侵权必究。

图书在版编目（CIP）数据

网电战／谈何易，张珂著．—北京：电子工业出版社，2019.7
ISBN 978-7-121-36881-3

Ⅰ．①网… Ⅱ．①谈… ②张… Ⅲ．①信息战—研究②电子对抗—研究 Ⅳ．①E869②E866

中国版本图书馆 CIP 数据核字（2019）第 116954 号

策划编辑：刘小琳
责任编辑：刘小琳　　　文字编辑：邓茗幻
印　　刷：北京捷迅佳彩印刷有限公司
装　　订：北京捷迅佳彩印刷有限公司
出版发行：电子工业出版社
　　　　　北京市海淀区万寿路173信箱　邮编：100036
开　　本：720×1 000　1/16　印张：14　字数：252千字
版　　次：2019年7月第1版
印　　次：2022年1月第5次印刷
定　　价：88.00元

凡所购买电子工业出版社图书有缺损问题，请向购买书店调换。若书店售缺，请与本社发行部联系，联系及邮购电话：（010）88254888，88258888。
质量投诉请发邮件至 zlts@phei.com.cn，盗版侵权举报请发邮件至 dbqq@phei.com.cn。
本书咨询联系方式：（010）88254538，liuxl@phei.com.cn。

编委会成员

（按姓氏笔画排序）

马　涛　王　斌　方胜良　兰汉平

安　蓓　余志锋　张　珂　周延安

秦君玮　谈何易　逯　杰　雷根生

跨越时空的引力波和《更路簿》

我们所处的宇宙已经存在 140 亿年，人类活动仅仅在其中占有极其短暂的一瞬。然而，就在生命孕育于原始海洋之前，一切天体、岩石、山脉、流水、大气的活动无不在物质与能量的推动下，留下了很多"痕迹"，反映为各种信息。信息反映着物质运动的状态和状态的变化。信息不以人的主观认识而客观存在着，在无垠的物质世界中伴随着物质与能量的运动变化，生生不息地产生、传播、转变着。

北京时间 2015 年 9 月 14 日 17 时 50 分 45 秒，位于美国利文斯顿与汉福德的激光干涉引力波天文台（LIGO）的两台探测器同时观测到了 GW150914 信号，不仅证实了引力波的存在，也证实了十几亿年前在距离地球十几亿光年之外的某个地方，遥远星系发生了一件大事件：一个 36 倍太阳质量的黑洞和一个 29 倍太阳质量的黑洞合并了，合并后产生了一个 62 倍太阳质量带自旋的黑洞。其中大约 3 倍太阳质量转换成了引力波能量，在 1 秒内释放出来，传播到地球被 LIGO 观测到。从时间上看，这是十几亿年前发生的事件。从空间上看，这也是十几亿光年外传来的信息。

这份信息无疑是客观的，其所反映的客观事物的运动规律，也能够为人类认识宇宙的起源和发展提供指引。然而，相对于科学界的欢呼雀跃，对于仅仅存在几千年的人类社会而言，对于当前芸芸众生的生产生活而言，此份信息也只是茶余饭后的谈资。信息虽然是客观的，但需要主观的认识。

那种只反映客观物质运动的信息，如果不进入人类社会，那么也就可以被忽略，直至人们认识到这种信息所反映的客观运动及其规律，并为人类活动所利用。也就是说，人类社会活动所涉及的信息才是通常语境下的"信息"的真实指向。

人类的信息活动实质上就是在生产生活及其他各种社会活动中为达成某种特定目的，正确引导其行为而从事的针对相关信息的获取（生产）、传递、处理和利用等活动。这种活动形式具有广泛的普适性，在各种人类信息活动中都能够得到全面、准确的反映。

例如，在中国南海海洋权益维护斗争中，中国潭门渔民世代相传的《更路簿》成为中国清代开发和利用南海的有力物证。现存的《更路簿》记载了"航行的方向、时间、距离、途中所见岛屿、暗礁、海流变化及某片海域在各个月份的天气变化规律"等内容。这些"内容"就是千百年来中国渔民在实践过程中对南海航线诸多信息的记录，是人的主观认识对自然客观状态观察、记录的结果。这些结果是人类在长期的生产生活过程中对大自然的观察所得，即信息获取活动。这些信息也是指引后代渔民按图索骥的指南，是信息引导航海活动的实例。其中，发黄的纸张是信息的载体，图形和文字是信息的媒介，渔民的绘制、记录和识图则是信息的处理，而航海渔业活动则是对信息的利用。

如果海水的侵蚀、蠹虫的噬咬，使纸张缺损，文字、图案模糊，就是对于信息载体的破坏，导致信息内容不完整；这也就是信息媒介形变导致的信息不准确，进而使识图、判断活动错乱，最终导致信息处理产生障碍。

信息的加工制造和利用，以及对信息和信息活动的破坏通过《更路簿》清晰地展现出来。只不过前者的创造以纸张、笔墨在人们有意识的劳动中实现，后者的破坏则以自然无意识的活动而产生。

然而，随着人类科技水平的发展进步，人类信息活动的本质虽然不会发生颠覆性改变，但人类信息活动的形式却发生了翻天覆地的变化。即使同一件生产生活活动，其相应的信息活动也会在不同的时代呈现出截然不同的面貌。

还是南海渔业活动，由于人手相传的原因，现存的《更路簿》数量十分有限，甚至成为文物和珍贵的史料。尽管现代印刷术可以十分方便地复制出大量的《更路簿》，以极低的成本就可以做到人手一册，但现代的中国渔民却更愿意使用其他现代手段，代替《更路簿》完成相应的信息活动，实现更加高效的信息引导功效。

现代渔船在GPS、"北斗"卫星导航精确、实时的引导下精准地获取自身坐标，船上短波电台及时接收气象预报和海情广播，船载导航雷达清晰地显示出周边其他船只的位置、航速、航向，船壳声呐也在准确地捕捉鱼群的动向。这些现代信息系统提供了稳定可靠的渔业活动信息保障，将信息引导的功效尽可能地增强。特别是对于大型渔船而言，还可以通过电台及时将渔获情况通知到附近的海上渔业加工船，以便及时地转载、处理渔获。渔业加工船则可以立即通过电台（或卫星电话等无线通信设备）将渔获的种类、数量、品质报告给渔业公司。渔业公司的订货网站则迅速向市场发布信息。鱼还在海上，在几千千米外的都市酒店里，人们却已经在下一个周末的宴会菜单上将其预订为红烧或清蒸了。这些打渔、加工、生产、销售和消费等一系列活动都是在电磁波和网络的支撑下完成的。信息活动不仅引导着各种行为，也确定了行为的目标和方式。人类的其他生产生活活动同样在其支撑下逐步进入信息化社会。战争作为人类最复杂的社会活动也是如此。

人类最古老的战争也是在自觉地开发和利用信息的过程中展开的。中国战争史的开端通常都归于传说中的"黄帝战蚩尤"。在那场战争中，黄帝发明了一件导航器——"指南车"，"车虽回运而手常指南"，从而在大雾弥漫的战场上为战胜蚩尤提供了方向引导。这是以人工制造物稳定地获取方向信息，并用于指导作战的最早传说。

后来无论是烽火台、旌旗、鼓号，还是"蒋干盗书""增兵减灶"，无不反映出战争活动对信息及其活动的渴求和斗争。在此过程中，信息活动的特点和规律并没有发生根本性改变，改变的也仅仅是手段和形式，以及通过手段和形式的改变所得到的效率的提高与规模的扩大。

自古以来人类都依托自身的感官来获取信息，依托人的智力手工处理信息，依托人力或畜力传递信息，再通过人的自身行为完成信息施效的使命，其感知范围、传递速度、处理效率和施效结果都必然十分有限。但人类活动，尤其是战争活动对信息活动能力的渴求却是无止境的。更快、更广、更准确永远是信息活动能力提升的目标。人类必然急不可待地将一切可掌握、可利用的技术应用到信息活动之中，并推上战场，以争取战争活动的主动权；同时，在战争对抗性的驱使下，竭力破坏敌方的此种能力。截杀"斥候"和袭击"驿站"无不是冷兵器战争中不可或缺的重要环节，只是其斗争方式和手段与其他作战行动并无二致，人类将其视为战略、战术运用的内容之一，从不独立分析也没有将其上升为独立的作战形式。

人类存在一天，就要从事一天的生产生活活动，也就需要开展与之相关的信息活动。信息活动是人类活动的必需和前提，其活动内容与规律取决于客观事物运动本身，不可能发生改变，直到人类在"更快、更广、更准确"的信息活动目标能力的驱使下，发明了专用的信息活动手段，形成了特定的信息活动形式，并同时创造出相对独立而又全面渗透的人类社会活动的信息活动独有空间，并引发了人类社会时代的变革和战争形态的转变。但信息活动的手段和形式却受到主观能动的影响和制约，始终处在发展变化之中。

当前，人类社会的信息活动手段和形式正在进入网电时代。人类社会的信息活动空间主要表现为网电空间。

著 者

2019 年 4 月

目录/Contents

电磁！电磁！ /001

  电磁振荡掀起信息波澜 /002

  电磁波天生就有"后门" /008

  无形领域也是兵家必争之地 /012

网罗天下背后是暗流涌动 /020

  此空间非彼空间 /021

  网络之魂是人类社会信息活动 /025

  没有网络顺畅就没有国家安全 /029

  机器受骗，人类遭殃 /033

网络电磁，天作之合的时代产物　/042

　　电磁波穿梭在网络栅格间　　/045

　　信息，万变不离其宗　　/049

　　网电战来了　/060

　　概念不明，一切归零　　/074

网电时代上演鹰熊暗战　/090

　　白头鹰领飞网电空间　　/091

　　北极熊悄然出击　　/101

　　后发未必不可先至　　/107

看透制胜机理，戳穿网电"西洋镜"　/111

　　迈过技术机理门槛才能进入网电之门　　/114

　　专业对抗机理闪烁着网电战的独有光芒　　/122

　　协同机理，以虚制实之道　　/127

　　越联合越强大是必然规律　　/129

　　后信息时代呼唤全新战略制胜手段　　/131

　　制胜密码隐藏在信息活动之下　　/135

附录　代表性学术文章　/141

　　网电博弈，须在"亮剑"中"砺剑"　/142

　　破解信息作战的制胜源代码　/147

　　把准网电作战力量建设发展的生命脉动　/153

　　基于末端效应解析战略网络战机理　/159

　　对网络空间基本行动样式的思考　/166

　　抢占新时代军事斗争前沿——关注电子对抗进入新的发展阶段　/176

　　什么是电子对抗的制胜之钥——对"联合打、打联合"对抗模式的思考　/182

　　现代战争电子对抗制胜机理解析　/187

　　让电磁态势成为制胜战场的新砝码　/196

　　在复杂电磁环境中砥砺精兵劲旅　/201

主要参考文献　/207

电磁！电磁！

战争是人类最复杂的社会活动，其对信息及其活动形式的需求无疑是最多样的，在生死对抗的搏斗过程中，其对信息及其活动品质的渴求也无疑是最强烈的。在"通信基本靠吼"（当然，还有口传、令牌、文件密书等通信方式）的冷兵器时代，战争的规模、强度和节奏也是十分有限的。所谓精妙的协同配合大多停留在任务方向协同上，具体的作战协同动作，则以近身肉搏时的"双剑合璧"表现出来。此时，搏杀的斗士只能用自身的感官获取一切战斗协同所需的信息。

电磁活动是客观物质活动的重要组成。自然发生的电磁活动充斥着整个宇宙，其中可以为人类自身感官所感知的主要包括可见光、红外线等。广义上说，声波也可以纳入其中。这样，当人类从周围环境中获取信息时，除了触觉、味觉，几乎所有信息都是通过电磁活动来感知的。只是人们对于与生俱来的能力，赋予了理所当然的先入之见，而未严格区分。

电磁振荡掀起信息波澜

在人类社会活动中，为了"更快、更广、更准确"地获取信息，引领行为活动，人类自然而然地致力于扩展这些与生俱来的电磁活动能力，于是也就有了"千里眼""顺风耳"的神话传说。现实存在的烽火台、信号灯等，也都是人类在漫长的自然进化过程中，先天性地利用光波来感知环境、传递信息的结果。只是此类活动使用的是可见光频段的电磁波，又因为利用的是人类与生俱来的能力而被忽略了。

现代信息化战争的大空间、远距离精确打击、精确协同、同步行动等作战行动，所有前提都归因于电磁活动所提供的信息支撑和引导。这种支撑和引导能力充分反映在电报、代码、语音、态势图、影像图、定位导航系统等异彩纷呈的信息形式上。电磁频谱的确是谱写现代战争"交响乐"的"乐谱"，是现阶段人类信息活动的最佳物质媒介。

1887 年，德国物理学家海因里希·鲁道夫·赫兹（Heinrich Rudolf Hertz）设计了一种电磁波发生器（又称为直线型开放振荡器），第一次实现了人类主导的无线电发射与接收，严格地说，应当是实现了超短波频段的电磁波发射与接收。

1895 年，马可尼和波波夫分别独立发明了无线电报，人类梦想中的"顺风耳"才真正变为现实。

1904 年，在德国莱茵河上，电磁波第一次被用来探测轮船。直到第二次世界大战前夕，实用性的雷达才装备部队。"千里眼"的梦想也随之实现。

人们通过长期的实践，掌握了在电磁频谱中各个频段电磁波在地球及其周边环境中的传播特性，人类也逐步认清、认全了电磁波"大家族"中的各个成员，并按照电磁振荡的频率高低，将各种电磁波排列成一个完整的谱系，称为电磁频谱。也就是在认识和利用电磁频谱的过程中，人们不断发现各频段电磁波的传播特性及其与自然环境的关系，并结合人类活动的内在需求，进而形成了特有的电磁波应用功能区分。

当前，电磁波的应用已经深入人类各种社会活动之中，突出表现为在作战领域的广泛应用。这一现象，正体现了电磁波性质与作战行动对信息活动需求的高度契合。这也终于使在地球表面上的任意两点之间，无论是在空中、陆地、水面还是水下，哪怕是在太空中，都能够通过电磁波实现几乎同步的感知、传递和信息共享。于是，几乎实时观看地球另一端的奥运会比赛及遥控大洋深处的机器人都已成为极其普通的现象。

一、电磁辐射的普遍性使其成为信息感知的最佳触角

宇宙中一切温度高于绝对零度的物体都会发出电磁辐射。电磁波在一切介质内的传播也都与该介质的电磁属性相关，其传播速度及反射、折射的性能也各不相同。这些特性使得电磁探测成为可能。理论上，一切物质状态和运动都存在电磁活动现象，或者都可以通过电磁活动来加以表征。那么，对于所有的战斗实体，以及与作战相关的其他实体活动而言，客观上也都能够通过电磁探测来加以感知。

事实上，即使在人类还没有掌握电磁技术时，人们依靠人体自身的视觉、听觉来感知战场，也是自然而然地利用电磁波的过程。当前，即使号称可以"隐身"的飞机、军舰，对应的准确描述应当是"低可探测性飞机、军舰"，因为其有效"隐身"频段十分有限，不可能达到全频谱"隐身"的效果。

另外，精确地设置人造电磁辐射源，再精心编制辐射信号，加载特定的信息内容，就可以产生信标的作用，提供授时、定位、导航和敌我识别等功能更加复杂的信息感知服务。这是一切复杂的社会活动得以顺利、有序展开的时间基准、坐标基准和协作基准。也正是电磁波赋予人们在广阔区域内，众多行为体之间共享同一幅态势、共用同一套流程的能力。

二、电磁波的传播速度和广度使其成为信息传递的最佳媒介

信息是有时效性的。明天的天气预报，今天听到才有价值，后天听到已经没有任何实际意义。这种时效性对于作战行动而言，就意味着生存、主动和胜利。

信息是有效合作的重要前提。稳定可靠、及时准确的信息活动往往能够带来众多用户的共同合作，进而产生远大于单个个体作用简单累加的复合效应。还有很多复杂行为必须通过多个个体的有序协作才能完成，以完成更高目标，达成特别目的。这样就需要及时将信息传递到合作者。这种广泛的协作行动，就是现代联合作战得以形成和发展的重要前提。人类在战争中不仅自然而然地追求"人多力量大"，也致力于追求"万众一心""齐心协力"地完成十分复杂、艰巨的任务。这也是古代战场上鼓号齐鸣、旌旗飘扬的原因，更是现代战场上天线林立、电波纵横的根本推动力。

电磁波以光速传播自然满足了极快的要求，利用电磁波开展信息活动，也就具备了以最高的速度实现信息获取和传递的能力。电磁波还能够不依托任何媒介在几乎所有空间内传播，特别是能够在一定能量支持下传播到很远的距离后仍然可以被人们所测量、分析。其传播速度和传播范围能够满足极快、极广的共同要求。

实际上，战场空间的大小也始终与信息传播范围紧密相关。冷兵器战争的战场范围必然局限于目力、听力范围之内，方圆不过数里；机械化战争的战场范围则在早期的电台、雷达支撑下得到了空前的跃升，战争可在数百千米范围内立体展开；现在，则已经出现"1小时全球到达"的作战理念。

三、电磁波的可调制性使其成为信息处理的最佳载体

信息的存在形式是多样的。不同形式信息的存在蕴含着不同质、不同量的信息。一个简单符号,如"1"与"0"、"有"与"无"和"是"与"否",均可以表达对某个事物的判断;一段文字则可以表述事情的经过和要点;而一幅图画则能够将图画中各像素的相互联系及其性质充分表达。因此,信息活动的载体必须能够适应人类对信息形式多样性和信息内容复杂性的要求,能够满足各种行为活动和信息活动的多样化信息需求。纸张的发明曾经带来人类文明的跃升,其伟大贡献就在于能够承载文字、图画这样的形式复杂的信息。而电磁波不仅能够承载文字、图画,还能够承载声音、图像,并以极快、极广的能力传播,成为人类应用最广泛、功能最强大的信息活动载体。

电磁频谱中的各频段电磁波既因其电磁传播特性的差异,而具备多种功能的信息活动能力;又因其波形和频谱变化,具备了承载多种信息表达形式的基础。所谓的电磁波波形就是电磁场的强度和振荡形式在时间、空间和频谱上的变化。这是多维空间的极速变化。以"宙斯盾"雷达为例,"宙斯盾"雷达在探测空中目标的一刹那,实质上就是将电磁波传播束缚在一个极为尖锐的空间范围,被称为"波束",从而满足对该空间范围内的所有可反射电磁波的目标的扫描。这个尖锐波束快速扫过整个天空,形成一个近似半球体的空中扫描范围,这就是该雷达的威力范围。该雷达在威力范围内为了准确地识别自身发射的电磁脉冲,就需要在电磁波的振荡频率、极化方向等多方面加以调制。这种调制就是通过对电磁波的振荡形式的改变使其具备更多的信号特征,进而完成多形式、多内容的信息活动。

特别是在将一系列约定好的调制特征赋予一定的含义或处理标准后,

一串电磁脉冲所包含的就不仅仅是电磁振荡的信息，而将可能是一段简明的指令、一句求助的呐喊，甚至是一幅生动的画面，若将多个画面连续起来则可能是现场直播的视频。

上述电磁频谱的基本特征极大地满足了人类战争信息活动的需要，人类在实践过程中不断开发着新的信息表现形式，拓展信息活动能力。战争面貌虽然因此得以根本改变，却也因为电磁波运动自身的先天脆弱性，引发了新的作战形式。

四、电磁空间只是电磁波及其辐射与接收等相关要素的集合

正如人们将所谓的网络空间比拟为与陆、海、空、天空间并列的"第五空间"一样，电磁空间也曾经享受过类似的"殊荣"。然而，所谓的电磁空间实质上也不能与陆、海、空、天空间相提并论，它们存在本质的区别，也有着必然的联系。

联系在于所谓的电磁空间和陆、海、空、天空间同属于物质分布集合范畴。电磁波是一种物质，虽然无形但确实客观存在。区别在于，陆、海、空、天空间是物质位置关系的度量，而电磁空间则是电磁波及其辐射与接收等相关要素的集合。

作为电磁活动的空间，电磁空间必须依附于陆、海、空、天空间来度量其中的电磁波及其辐射与接收相关要素的位置关系。此时，电磁空间可以被视为电磁活动所及的陆、海、空、天空间。这与其他人类或自然的物质运动空间相比不存在本质区别。例如，一颗陨石从太空而来，穿过大气层，砸向大海，坠入海底，这个过程贯穿了海、空、天空间，但并不存在所谓的"陨石空间"。同样，阳光照射到数十米的海底为海带的生长提供能

量，就是可见光波段的电磁波"从太空而来，穿过大气层，透过海水，照射到海底"，为什么就必须提出电磁空间呢？

在人类发现电磁现象并利用电磁活动以来的近百年内，人们并没有形成电磁空间的概念认识。起初人们是用电磁环境来表述电磁活动及其影响因素的，这也符合人类对陆、海、空、天空间内各种活动及其影响因素的认识。问题还是出现在对"空间"一词的社会性认识上。只是近些年来，人类电磁信息活动日益广泛、频繁，人工电磁活动几乎都是相应的信息活动的具体体现，人们自然而然地将人类社会空间的一部分"嫁接"到所谓的电磁空间。特别是，自然电磁活动的客观存在又对人工电磁活动产生直接影响，进一步加强了人们对所谓"电磁空间"的肯定。

因此，当前广泛使用的"电磁空间"一词，以及第二章所提及的"网络空间"一词，都是对人类社会空间在现阶段信息活动范围和形式的形象描述，都不能与陆、海、空、天空间相提并论，而应当将"电磁空间"和"网络空间"都置于人类社会空间范畴之内。这样才能够在"空间"一词的概念上保持逻辑一致性和严谨性。

电磁波天生就有"后门"

电磁波传播的核心原理就是变化的磁场产生变化的电场，变化的电场也将产生变化的磁场，电场与磁场相互激励导致电磁场的运动而形成电磁波。电磁波传播不需要媒介（或者说电磁场本身就是媒介），但在其传播过程中，电磁波一旦遇到形成闭合电路的导体，就将在导体中产生感应电流，其电流变化的频率和电磁波振荡的频率相等，电流的强度和电磁波振幅成正比，电流的方向则和电磁波相位相关；反之亦然。也就是说，只要满足一定的能量强度要求，传播中的电磁波都是可接收的，同样振荡形式的电磁波接收时所产生的感应电流也是相同的。

由此，我们可以认为电磁活动是一种高度暴露且容易复制模仿，而又无影无踪的物质运动。这使得任何使用电磁波的信息活动，都可能遭受到同类型、同样式电磁活动的破坏。电磁活动的先天脆弱性激化了信息对抗活动，信息对抗从此由战争中的附带行为上升为独立存在的作战行动。

一、电磁辐射本身成为信息感知的新目标

高度暴露的电磁波活动使得任何一种雷达探测、电台通信、无线电定位、敌我识别答询，甚至发动机点火运转、火炮射击、人员潜伏都将在电磁空间内"广而告之"。于是，就在电磁技术应用到战场上不久，侦测电磁活动的专用设备也就应运而生。原本用来探测目标的雷达，立即就成为被探测的对象。甚至因为电磁波传播的路程原因，雷达探测距离远远小于探测雷达的距离，首次彰显了信息对抗活动在战争中的作用。

1941年5月23日，德军"俾斯麦"号战列舰冒着弥天大雾驶入丹麦海峡。早已等候在此的英舰"诺福克"号巡洋舰打开雷达竭力搜索目标。然而，由于德舰的雷达对抗接收机提前收到了英舰的雷达信号，抢先占据了有利位置。当英舰终于发现目标并冲出浓雾进入目视距离时，便遭到了"俾斯麦"号战列舰8门381毫米舰炮的迎头痛击。

这种作用原理正如在黑暗中打开探照灯搜索目标一样，被搜索的目标却能够在更远距离发现探照灯的光柱，进而提前采取相应的隐蔽行动。但

对于电磁辐射而言，即使原本不用于探测活动的无线电通信、导航等电磁辐射也都成了对方侦测的目标。对方甚至能够通过对电磁辐射信号的解析，深入掌握通信内容，从而在不知不觉中窥探重要情报。

二、电磁信号冒充替换成为信息欺骗的新手段

既然电磁信号能够被任何一方接收，那么，相应的复制、转发也就十分容易。然而，这些复制、转发的新信号与原有信号在电磁感应现象中并无不同，或者存在的差别十分细微以至难以辨别，于是真假信号混淆势必会扰乱原有的信息活动空间。特别是，如果对信号样式进行有针对性的加工，则能够误导其原先的信息活动意图，甚至引向相反的方向。

雷达通过接收自身发射机发射的电磁脉冲的回波方向、时间等信号来判明反射电磁脉冲的目标位置。雷达欺骗干扰中的距离波门拖引电路能够将接收到的电磁脉冲延时放大后发射回去，从而掩盖真实目标强度较小的回波，使雷达误判目标的实际距离。

即使通信、导航和敌我识别，也都可以通过对其原有电磁信号的复制和再加工，起到欺骗混淆的作用。相对于雷达探测的目标欺骗而言，这种欺骗作用更具隐蔽性，所造成的危害也更加严重。

三、电磁感应的无差别性成为噪声覆盖的新途径

闭合回路的导体对于任何变化中的电磁场都将产生相应的感应电流。感应电流的强弱、正负变化只取决于电磁场的振荡，而与导体无关。任何电磁波接收机在天线部位都将接收到几乎所有的电磁感应信号，接收机的一项核心功能就是从中检测出约定振荡频率的信号，并将其放大以解析其中所蕴含的信息内容。而其所约定的振荡频率与传播中的电磁波振荡频率完全相同。这样就为同频振荡的电磁波混入接收机，并覆盖原先约定信号提供了可乘之机。

从微观的角度上分析，对于任何电磁发射与接收活动而言，一切电磁信号调制都体现在"时、空、频、能"四个参量上。时间上，接收机正打开接收窗口将感应电流引入。空间上，接收机与干扰机都处在同一传播范围之内，或者天线波束（有约束的发射或接收范围）相互覆盖。频率上，电磁波振荡频率相同，或者同处于接收机接收频率范围（带宽）之内。能量上，约定信号或干扰信号的信号强度足以被接收机所检测；为达到有效干扰目的，干扰信号的信号强度应当大于约定信号的强度。这些参量的测定与掌握都可以通过对电磁辐射信号的检测而获得，其中唯一难以准确把握的是约定信号到达接收机时其信号强度的最小可检测值（通常用接收机的灵敏度来表示）。然而，只要干扰信号的强度足够大，那么就可以确保对约定信号的有效覆盖。

理论上，噪声干扰能够对一切电磁波接收活动构成影响。所谓的反干扰技术只能将这种影响减少到不足以遮蔽约定信号的程度，而不可能完全消除这种噪声的影响。

正是诸如此类的电磁波特性使得电磁活动成为可以被轻易破坏的对象。借助电磁活动的信息活动也成为这种破坏行为的目标。或者说，正是由于极其重要的信息活动加载于电磁活动之上，才引发了人类战争史上不以杀伤有生力量、占领地域为直接目的的特殊作战形式，并在此基础上愈演愈烈，促使原本就存在的低强度、偶发性、隐性展开的信息对抗活动上升为高强度、持续性、激烈展开的信息战。

无形领域也是兵家必争之地

战争是活体的对抗。当任何一种手段、能力和活动能够给一方带来显著作战效益时，必然招致敌方的关注和蓄意破坏。矛盾相长规律必然延伸到无形的电磁领域，进而催生发展出电子战。电子战则将信息对抗活动推升为独立的作战形式。

一、无意中产生

电磁波走上战场的最初应用形式就是电台。可就在无线电台通联过程中，电台操作员发现，只要发射同样频率和调制样式的电磁波就能有效干扰敌方电台间正在进行的信息传递活动。第一次有意识的、以破坏为目的的电磁干扰行动就这样诞生了。准确地说，此时电子战的概念只停留在行为和意识中，至少还没产生专门的用于破坏敌方电磁信息活动及其设施的工具，即电子战武器装备。

既然同类型的电台、雷达能够破坏敌方相应的电磁信息活动，使之电报发不出、步话听不清、雷达迷茫、导航转向，那么专门研发出能够对多种类型电磁信息活动都产生破坏作用的手段，并在此手段下组建相应的部队，展开系统的、有针对性地训练，并在作战中有组织、有计划地加以应用也就成为战争发展的必然结果。也就是说，在战争对抗性的驱动下，这种设施、部队、行动自然而然地产生、发展起来，进入了战场，也进入了军事理论。

美军最早将其命名为电子战（electronic warfare），其中 warfare 是指狭义的战场作战。然而此概念却存在命名指向不清的问题。问题不在于 warfare，而在于 electronic——"电子的"。

电台用于通信，全称是"无线电通信"，以区别于有线电缆连接的有线通信。"电台"中的"电"可以理解为"无线电"，即电磁波。而"电子"只是在这些技术设备中所用到的电子技术的简称，表述的是为了形成、调制、接收、检测电波的电子技术，实质上与"电磁波"存在本质区别。

特别是，"电子"一词还是一种带电粒子的正式名称。这种粒子在电子设备中为其相应性能的实现起到了基础性作用。但在敌我双方的斗争和己方内部的各单位相互通信、导航中，直接担负这些信息活动的主体正是电磁波。在任何一种电子战行动中，都不存在一束束电子流射向敌方的现象，有的只是一束束电磁波在战场上纵横捭阖。因此，现在众所周知的"电子战""电子对抗"更应当称为"电磁战""电磁对抗"。只是已经约定俗成，强行更改反而会引发不必要的麻烦。然而，正是这种约定俗成的、先入为主的概念习惯，使后续的各种相关概念的出现和定义都遇到了许多说不清、道不明、越辩越混乱的现象。客观上这种混乱现象也严重阻碍了世人对电子战、网络战、信息战及网电战的正确认识和理解。

二、对抗中发展

电磁波是现阶段人类信息活动的最佳物质媒介，自从人们掌握了电磁技术以来，便以极大的热情在各个领域爆炸式地拓展着电磁技术的应用。同时，人们还以此类应用为牵引，带动着其他各专业技术、各行业领域的飞速发展。尤其是在航海、航空和航天领域的发展过程中，人们越来越需要电磁技术来完成遥控遥测、导航定位、目标搜索等信息活动。电磁波全面渗透其中，实质上主导着这些活动的目标与方向，决定着这些活动的成效和结果。这些电磁信息活动能够带来越来越多的经济利益和社会利益，必然将成为敌方关注的重点、破坏的对象和斗争的焦点。更何况，人们在战争活动中对信息活动的追求更加迫切，其信息活动所带来的作战效益也更加巨大，那么，对电磁信息活动的破坏也就自然而然地上升为生死攸关的问题。这一切从根本上都是来自战争对抗性对信息活动及其对抗的不懈追求。

特别是，电磁活动的先天脆弱性也同步附加在这些电磁信息活动之中，为破坏敌方电磁信息活动大开方便之门。于是，每当新的电磁应用技术拓展了作战领域之后，接踵而至的就是相应的电子战技术的发展应用和电子战手段能力的同步提升。

在频谱利用上，电磁应用技术不断地拓宽电磁频谱的应用范围，并且这种频谱拓展应用技术在早期就被视为摆脱敌方电子侦察、电子干扰的最优选择。在第二次世界大战中的大西洋反潜战中，英国空军在反潜机上就加装了对海搜索雷达，以求能够在较远距离发现浮出水面充电的德军潜艇；而德军潜艇也都加装了雷达告警接收机，一旦接收到英国飞机的雷达搜索信号则立即下潜规避空袭。德军潜艇损失数量显著下降。英美两军也到意识到此种情况的存在，着手研制"MarkⅢ"型雷达，其工作频率高达3000兆赫兹（波长约为10厘米）。而德军并未掌握如此高频率的电磁技术，也不相信英美两国拥有这样的技术，德军损失又急剧攀升，仅1943年的5—6月就被击沉了100多艘潜艇。谁先掌握了新的频谱利用技术，谁就能够掌握超越对手的电磁信息活动能力。这样的频谱拓展竞争一直持续到今天，雷达工作频率已经延伸到30000兆赫兹（波长约为1厘米）以上，进入到太赫兹时代（又称毫米波时代）。如此竞争的后果就是在已经掌握并可以利用的电磁频谱范围内,各种电磁活动拥挤不堪。而相应的干扰破坏活动也在同频展开,相互间的用频冲突和敌对方的恶意干扰交织在一起,共同编织出纵横交错的、复杂的战场电磁环境。

在信号样式调制上,电磁应用技术在拓展用频范围的同时,也竭力提升电磁信号样式的调制能力,使之具有特殊形式而难以分析,并具备特殊功能。例如,雷达探测的原理是在较短时间内(通常约数微秒至数百微秒)连续发射电磁波形成电磁脉冲,在天空中传播的脉冲式电磁波碰到飞机等目标,便被反射回来。雷达发射机在发射一个脉冲后立即转入接收状态,等待接收和检测反射回波。将反射与接收之间的时间差乘以光速再除以 2 便得到了雷达与目标间的距离。电磁脉冲持续的时间被称为脉冲宽度(时间单位),其决定着对目标探测的最小距离分辨率;相邻两次发射脉冲的时间间隔用脉冲重复频率表示(时间单位的倒数),其决定着对目标探测的最大距离。窄脉冲通常配合高重频使用,表现出较高的测距精度,通常用于跟踪制导;宽脉冲通常配合低重频使用,表现出较远的探测距离,通常用于警戒搜索。这些都是脉冲制式雷达的基本原理,也是雷达对抗侦察和干扰的基本依据。1973 年 10 月 6 日,在第四次中东战争之初,以色列空军遭受了巨大损失,仅开战 4 天就被击落 50 架战斗机,其中,大都为"萨姆-6"防空导弹的战绩。而以色列空军引以为荣,并在第三次中东战争中屡建奇功的电子战手段之所以完全失效,原因就在于"萨姆-6"防空导弹使用的制导雷达采用了连续波体制。原本以脉冲制式雷达为对象的电子战手段根本无法分析连续波信号。诸如此类的信号样式调制变化层出不穷,形成了数量众多、名称特异的诸多专用术语。这些样式各异的电磁信号在空中传播,客观上使得原本在频谱上已经十分拥挤的战场电磁环境更加杂乱无章,只能用复杂一词描述,这就是复杂电磁环境形成并发展的主要原因。

然而，这种电磁信息活动与对抗的发展还只限于一种手段对抗另一种手段，一种技术对抗另一种技术，具有十分强烈的针对性，表现在电子战装备手段上，就是形成了数量种类众多、型号更迭频繁的电子战装备系列。往往一种电磁信息装备的发明应用必然跟随着一种专用电子战装备的发展。这也是通信、雷达等电磁信息系统各成体系，并彼此难以互通、共享的原因之一。单平台对抗模式引发的是整个战场电磁环境的混乱，以至于有时竟会出现还没有施加有意的电磁干扰，各种电磁信息设备之间就因自扰互扰严重而不能有效工作的现象。

频谱必须管控，电磁信息活动必须整合集成。正是在电子战的激励下，电磁信息活动进入一个新的有序化阶段，而电子战活动也随之进入体系对抗的新阶段，所谓的"电磁频谱战"也就应运而生。

三、在体系对抗中提升

电磁活动的"初心"是增强信息活动能力；电子战行为的"初心"是破坏对方的信息活动能力。然而，在这种对抗冲突过程中，电磁信息活动总是处在自主发展的主动地位，电子战的破坏活动却只能亦步亦趋地跟随电磁信息技术和战术应用的发展而发展，始终处在"因敌而变"的被动地位。在战争中，指挥员和指挥机构首先关心的是自身信息活动的可靠、稳定与准确。为有效面对复杂的电磁环境，其正常的逻辑思维必然是通过技术和应用方式的进步，尽可能地巩固电磁信息活动的安全，然后竭力设法破坏敌方电磁信息活动。

第一步，必须针对电磁空间开放共享的物质特征，通过规范电磁活动的时间、空间和频率，建立起稳定有序的电磁信息活动，其原型就是"无线电管理"。最初的"无线电管理"起源于短波通信的组织与管理。短波通信具有通信距离远（可达上千千米）、频段范围狭小（仅为3兆～30兆赫兹）、受自然环境影响大（由于受到地球外层的电离层反射折射影响，不仅有日频、夜频之分，夏季和冬季的用频差异也很明显）的特点。对于一个国家、一个地区而言，数个短波通信就可能引起相互间的冲突干扰。为此，在短波通信应用不久，各国都纷纷建立了相应的无线电管理机构，确保无线电通信的稳定有序。这也是大多数无线电管理职能最先置于通信部门之下的原因。

然而，随着人类电磁技术的发展应用，特别是各种用频设备的密集部署和广泛使用，原本作用距离不过数百千米、工作频段高达几百兆赫兹甚至几千兆赫兹的射频应用，也出现了空间拥挤、频段狭小等自扰互扰现象。原本以短波无线电通信为主体的无线电管理活动就必然随之而发展，进入频谱管控的新阶段。

频谱管控的职能不局限于对用频设备的频率分配、功率限制、用频时机等进行行为管理，还包括生产、研制等用频设备全寿命的规划与管理，特别是，还包括对用频冲突的协调和管制。然而，一切用频活动的意义并不止电磁活动本身，而需要体现在电磁信息活动所引导的其他领域行为效果之中。频谱管控的职能也就通过信息引导作用衍射到其他生产生活或作战活动中。如此一来，原本只为保障通信功能顺利实现的服务保障性职能，也在电磁信息活动的"引导"下具备了管控多种行动的次序、时机、方向及范围等实质性权力，直接制约多种行动的效能实现。

同时，在多种行动的协调配合需求牵引下，在共同追求共享、共用引导信息的本能需求推动下，在电磁信息活动能力进一步提升的支撑下，现代战争和大型社会化活动也能够将多种行动融合成为目标一致、步调一致、协作一致的一体化行动。其中，最重要的就是电磁信息活动的综合集成。这需要在严密的频谱资源分配与管控的基础上，结合各种行动对信息格式和内容的规范化要求，统筹多种电磁信息活动的信号样式甚至是数据编码才能实现。这时信息数字化的发展应用已经出现，但与后来出现的计算机智能控制，甚至网络信息活动还存在着一定的差别。后者的信息表征具备了语言的特性，而前者仍然主要以信号的形式反映信息的内容，即使编码内容包含了大量信息内容，对内容的识别和显示等初级处理也都实现了自动化，但对信息内容的理解和利用等高级处理还需要人的参与。即便如此，人类在社会活动历程中，首次具备了综合集成一体化联合行动的能力。

综合集成一体化联合行动实质上是对电磁信息活动的网络化组织和运用的初级形式，也是人类首次以完整的体系将各种复杂巨系统的"干线联系"连接起来，使之能够协调高效地运行，进而提高整体效益。其中，电磁信息活动成为体系联结的纽带，不仅支持着具体的作战行动，更有意义的还在于其支撑着整个作战体系的高效运转。

此时，电子战行动也从分立的、有针对性的平台对抗上升为系统对系统的体系对抗。其对电磁信息活动的破坏作用，也从具体特殊上升为广泛普遍，以至于即便某支作战力量自身并不使用或依靠某项电磁信息活动，但其战场生存和作战行动能力也都会因为整个作战体系的电磁信息活动能力的长消而增减。

以信息系统为支撑、以电磁信息活动为纽带的一体化联合行动作战体系面临的最大威胁并不是敌方同样的一体化联合作战体系，而是其中最具有体系破击能力的电子进攻能力。此时，电子战，或者以电子战为主体、以破坏敌方电磁信息活动稳定为主要目的的战役也就应运而生，其典型代表就是 1991 年的海湾战争。也正是自那时起，人们对电子战"战斗力倍增器"作用的认识才从单个武器平台的战斗力上升为整个作战体系的作战能力。信息化作战已经具备雏形，信息的引导作用才引起各方面的高度重视。电子战本身也从各自分立的雷达对抗、通信对抗、光电对抗向着综合电子战发展。

同时，以计算机技术为核心的智能化技术突飞猛进，其所具备的智能信息处理能力，为人类的信息活动增添了新的活力，不仅改变了人们的信息活动方式，改变了战争形态，也深刻地改变了人类的社会形态。

网罗天下背后是暗流涌动

现代人一提起"网络"一词，立即就会想到计算机互联网，以及诸如QQ、微博、微信和在线支付、在线订票等事物和活动。然而，互联网毕竟问世不久，网络则早已存在于世。网络化的信息活动更是人们长期以来孜孜不倦追求的目标。

网络化的信息活动是人类社会信息活动的本能追求和自我实现。所谓的信息联系实质上就是人类社会活动过程中各要素之间联系的显性表现。无论技术进步达到何种程度，人们总用当时最快捷的信息活动手段构建起相应的信息网络，并反映出人类社会活动之间的联系。同时，信息对抗活动的手段与形式也与信息活动手段的进步相伴相随。

此空间非彼空间

人类关于"空间"的认识存在至少三种逻辑起点各异的观点。

物理学上的"空间"是指客观存在的物与物之间的位置差异度量。这是"空间"一词的本意。《现代汉语词典》解释空间为："物质存在的一种客观形式，由长度、宽度、高度表现出来。"

数学上的"空间"是一种抽象的概念，是指一种具有特殊性质及一些额外结构的集合，其经典的图形表征就是笛卡儿坐标系。通常所说的一张 DVD 光盘的存储空间很大，约 4.7GB；同样物理尺寸的 VCD 光盘的存储空间就较小，约 0.7GB，指的就是这张光盘对于以比特为单位的数据集合的大小。此时的"空间"与长、宽、高的大小并无直接联系。

社会活动中的"空间"则是一种概念范畴，是社会活动主体的客观存在和主观认识的范畴。这个范畴来自人们对客观物质世界物与物之间位置变化的认识，却更多地应用于社会活动中各要素间的联系。通常所说一个人的社会活动空间很大，并不仅仅指他在地理位置上的位移范围，更重要的含义则在于这个人拥有较为广泛的社会关系，能够与更多的人、更多的事情建立起较为频繁和密切的联系。

然而，人们在使用"空间"概念的时候往往在有意无意间忽略了上述三者之间的不同，特别是在一些具有文学性质的表述中，更是将社会含义的"空间"概念泛化，达到修辞的效果，以致很多专业学术文献都将所谓的网络空间与陆、海、空、天空间相提并论，"第五空间""网络虚拟空间"等词语层出不穷。实际上，如果将网络空间与陆、海、空、天空间相提并论，就如同将亲人与儿童、青年人、中年人和老年人相提并论一样。亲人反映的是社会关系，儿童、青年人、中年人和老年人反映的是年龄结构。陆、海、空、天是物与物之间位置关系的度量，网络空间实际上是对人类社会活动空间的一种映射和反应，是一种联系，不可以混为一谈。

对于生物体和社会性的人及其活动而言，其客观存在和运动过程必然存在相对位置的差异和这种差异的改变。这种差异及其改变直观地被人体自身所感受，便产生了朴素的空间和时间概念。由于人力所及的位置差异改变的速率十分有限，根据爱因斯坦的广义相对论，人类无法自觉感知时间度量的变化。时间是永恒的，时间流逝的速率是恒定的，光阴一去不复返，等等，都是人们对时间概念的朴素认识。然而，人们对自身位置又十分敏感，不同的位置可能意味着安全与危险、丰饶与贫瘠、酷热与寒冷，既决定着人们的生死，又影响着人们的饥饱，甚至影响着人们的悲喜哀乐。人类自身具备的运动能力也进一步将空间概念和认识强化在人的大脑里。因此，抛开一切抽象的物理和数学概念，人们对空间的最直观的感受和认识就是人所存在或活动的场所。在此基础上，人们对感兴趣的事物存在或活动的场所也都赋予了类似的空间概念。例如，人们眺望星空，并给予星空以穹顶的空间形态，"天似穹庐，笼盖四野"。以人作为活动主体，来感受各种空间的活动差异，进而对空间类型进行区分也就成为一种顺理成章的认识。

陆地是人类活动的根据地。虽然人们已经将不同的陆地按地形地貌进行了十分详细的分类，如平原、山地、沙漠、沼泽等，但在空间概念上看，这些不同地形地貌上人的运动方式和状态都没有本质的不同。因此，人们也就将其视为同一类空间。在河流、湖泊中航行时，由于距岸较近，并且水面大多比较平稳，与陆地活动虽有不同，但仍然依靠陆地，受制于陆地，因此，人们并没有将内河、湖泊视为另一类空间，而是将其纳入陆地空间之内。在人类尚不能长期远洋航行和凌空飞翔之时，人类观察着日升日落、潮涨潮落和风起云涌，便以自己的想象勾画出神话般的海洋龙宫、天上人间。这些虚幻空间中的事物实质上都是人们习惯的陆地空间的复制和翻版。

大航海时代来临，航空时代也紧随其后，人类终于离开陆地，以人造的运载工具，涉足新的领域，亲身感受到在海洋、天空中与在陆地上的活动差异，这才从全球地理的角度对空间进行了新的分类：陆地空间、海洋空间和天空空间（大气层空间）。直到人类开创了航天时代，进入太空空间，俯视"小小寰球"时，才发现所谓的陆、海、空都只是地球表面"薄薄"一层。这十分"浅薄的表层"正是人类活动的主要空间。但是，无论是从社会生产生活的角度，还是从战争的角度，谁也不会对陆、海、空的生活空间、作战空间属性提出异议。

人作为社会型生物，在人际交往中形成了各种复杂的关系。这种关系的亲疏并不与相对位置的远近严格对应。"穷在闹市无人问，富在深山有远亲"生动地刻画出这种社会关系的异构性。在传统社会中，这种社会关系呈树状结构，如上下级、宗亲等。其间以链状联系相沟通，如商业联系、同学朋友等。在通常情况下，树状关系更加稳定，是社会关系的支柱；链状关系则相对多变，是各种树状关系联络的桥梁。其中的独立个体，在社会生产生活中，通过这些关系影响和被影响的范围就是社会空间。

陆、海、空、天空间和社会空间都是人们的活动空间，人们的各种利益也都交织其中。上升到国家、政治集团层面，这些利益的交织难免会产生矛盾。矛盾激化到了不可调和的地步，也就引发了战争。然而，战争活动作为人类活动中的一种特殊活动，既然需要在一定空间内展开，就需要得到信息的引导，以完成其有意识的破坏行为，达成征服的目的。

信息活动作为人类活动重要的组成部分，其活动空间自然需要与人类活动空间相契合。信源、信道、信宿是信息活动的三个基本单元。这三个基本单元必然分布在陆、海、空、天空间内。然而，由信息活动联络起来的社会关系又在塑造着社会空间。这个空间无处不在，人们却难以从现实空间中直接感受到各个要素间的关系。这种关系主要通过信息活动的关联而维系，人类信息活动的方式在很大程度上塑造着社会空间的形态和运行模式。

网络之魂是人类社会信息活动

长期以来，网络信息活动始终伴随着人类社会的发展进步。人类在信息感知和传递手段上有了突飞猛进的创新发展，但从未将网络信息活动从人类社会活动中剥离出来。这是因为网络信息活动本身就是社会活动的重要组成，并且都是在人的直接主导和参与下进行的，没有加以区分的必要。

在电磁信息技术应用之前，人类主要依靠自身的感官来感知、传递信息，并依靠人的智慧来处理和利用信息。由于受到人的感官性能的限制，感知信息的范围和种类，以及传递信息的距离和容量都是有限的。人们很多具有重要意义的发明也都是围绕信息活动展开的。望远镜和指南针满足的是信息感知的需求，烽火台和"箭速飞骑"满足的是信息传递的需求，纸张与笔墨满足的是信息存储的需求，而雷达和电台则将信息感知与传递能力拓展到了前所未有的极限。但人类信息活动中的一个重要环节——信息处理与利用，还一直由人本身来承担，直到智能技术的发明和应用，人类才在信息活动全过程中拓展了自身身体器官的全部职能，从而使得人类社会的信息活动能够于人体之外独立运行，进而凸显出来。

古典网络必须在人这个信息行为的主体上来实施、运作，表现为社会关系网、行政管理网、军事指挥网等。现在的网络虽然从根本上还离不开人，但很多关键的网络信息活动是由机器自己来运作的。这种智能化不同于前期的自动化，其核心区别在于智能化是对信息内容的识别与处理，自动化则是对信号约定的识别与处理。一套自动化系统只能在规定的空间、时间内，针对特定的、有限数量的信号开展机械重复的运动，替代的是人类简单繁复的体力劳动，其典型代表是生产流水线。其中诸多关键环节还离不开人的参与，需要以人的智能解决自动化不能解决的问题。而智能化系统则能够适应不同的空间、时间，依托格式化的数据信息，自主应对多种复杂情况，开展多种类型的复杂运动，替代的是人类复杂多变的智力劳动，其典型代表是工业机器人装配线。虽然其整个运行过程还不能完全离开人的参与，但人的主要工作在于对其注入新的程序，即智能的输入与升级。

当前普遍语境下的"网络"就是特指这种以机器智能参与信息处理与利用的信息网络，其典型代表就是"计算机网络"。然而，我们却不能严格将"计算机网络"等同于普遍语境下的"网络"。

抛开信源和信宿的个性差异，人们可以将信源和信宿抽象为与计算机网络联结起来的社会活动的行为体。为将行为体与计算机网络联结起来，一方面需要在行为体上"植入"计算机网络终端，以便感知信息和利用信息，另一方面则需要在这些终端与计算机网络之间建立起必要的信息联络。无论这种连接是有线的还是无线的，实际传递信息的都是电磁场。因此，人们可以将计算机网络视作电子计算机硬件、电子计算机软件和电磁波的组合体，即计算机网络=电子计算机硬件+电子计算机软件+电磁波。

其中，电子计算机硬件是进行信息处理的物质实体，相当于人的大脑，包括进行数据交换的显示、扬声、打印、网卡等，其具体存在形式各异，既可以是通常见到的电脑终端，也可以是路由器、服务器，还可以是智能手机、自动取款机等一切加装了 CPU、具备人工智能的电子设备。电子计算机软件是开展信息处理和信息利用的具体过程和对象，是人工智能的具体体现，相当于人的思维方式和过程，包括用于信息处理的数据库等，其具体存在形式是电场或磁场的强度及 PN 结状态，早期还表现为卡带打孔等，是附着于物质之上的一种协议约定。电磁波是信息传递的媒介，相当于人在交流中发出的声音、打出的手势或写出的书信，其功能作用和运行方式与传统的电波传播、无线电通信等相比并不存在根本性的区别；但是某些接入计算机网络的行为体所开展的特定电磁信息活动，如雷达探测、定位导航等则不属于计算机网络的组成内容。

由上可见，电子计算机硬件和电磁波都是物质的客观存在，也必然存在于陆、海、空、天空间之内，其自身并没有建立起所谓的独立空间。电子计算机软件附着于上述物质存在之中，正如一个人的思想意识附着于人体之中一样，也不可能构建出所谓的虚拟空间。这些只提供了电子计算机网络信息活动的基础，如果仅仅将众多电子计算机联结起来，搭建起所谓的网络（如已经建设好但还没有投入使用的大型网吧），也不能将其视为"第五空间"。

然而，当人们使用这些设备并在其中加注了各种信息，并开展各种信息活动之后，实质上就是将人类社会的信息活动交由电子计算机网络来实现，而电子计算机所具备的人工智能则代替人的大脑来完成信息处理和利用。此时，人们也就将人类社会活动空间映射到电子计算机网络之上，进而形成了所谓的"网络空间"概念，人类社会也进入所谓的"信息社会"。这样的"网络空间"就是人类社会活动空间的映射，这种映射恰恰来自人类社会发展对于信息活动的本能追求，是人类社会信息活动网络化追求的时代表现。

由于电子计算机网络实质上就是人类社会信息活动网络的映射，又由于计算机网络信息活动必须通过相应的媒介相联系，这样的网络和运行于其中的信息数据也就构成了一个存在于人体之外，又直接影响人类社会行为（毕竟还是人类将自己的很多社会活动加载到计算机网络上）的人造空间。在这个人造空间内开展的活动只是数据代码的传递、处理，控制的却是人类的社会活动，甚至影响到人类的思维判断，这样就产生了一个与人类利益休戚相关的新空间。

更有甚者，在这个空间内，信息的流动和处理，直至施效，都可以由计算机和网络自动完成，人工干预和控制都具有后验性、复杂性，而这个人造空间对人类生存空间的控制却具有即时性、广泛性。那么这个空间的意义也就十分巨大，甚至可怕，以至于西方国家现找出一个具有"控"含义的单词"cyber"来表征这个空间。

可以说，电子计算机网络的形成和发展是由人类对于信息活动及其能力的无限需求推动的，是人类大脑功能的延伸，也是人类社会关系的映射。人类在赋予其巨大的功能，并享受由此带来的高效、便捷的同时，却将人类几乎所有的社会活动加载其上，进而形成了与现实人类生存空间相互独立又紧密联系的第二类生存空间。每个社会生活中现实存在的人类个体及其社会活动都映射在这个人造空间中。

也正因如此，"网络主权"问题也就成为遮人耳目的伪命题。"网络主权不存在"的论调其实是建立在所谓"网络空间"是虚拟空间的基础之上的。人们认为这样的一个虚拟空间没有边界，也就没有主权范围的界定。这是将"网络空间"与陆、海、空、天空间有意混为一谈的逻辑陷阱，是将国土空间的权益划分标准生搬硬套的逻辑欺骗。人们必须认识到"网络空间"就是人类社会信息活动空间，是人类社会活动空间的集中体现，而与陆、海、空、天空间存在本质属性上的差异。那么，只要承认一个国家的社会活动空间有主权，"网络空间"自然也就拥有不可争辩的主权。

因此，电子计算机网络是人类社会信息活动的映射，其自身的权益完全取决于映射实体的权益。人们争夺的"网络主权"就是人类社会活动的主权。对于一个国家而言，其所属的一切社会活动自然拥有不可争辩的国家主权。这些权益映射在电子计算机网络上只是表现形式发生了变化，权益本质并没有发生任何改变。

没有网络顺畅就没有国家安全

公元 13 世纪，成吉思汗率领蒙古铁骑横扫亚欧大陆，建立了幅员辽阔的元帝国。成吉思汗的金帐设在克鲁伦河畔，他的势力已经扩展到黑海。为了指挥范围如此辽阔的军事行动，他建立了复杂的蒙古驿站通信联络系统：最大的通信节点是他的大汗金帐，并在很多地理要点设置了很多次一级的分帐，包括指挥所、驿站等。在这些分帐和驿站之间，以换马不换人的方式建立起"箭速飞骑"的联系。为实现保密、安全、可靠的传递，在情报文书传递过程中，还采用了一份文书分割成多段由多条路径同时分别传递的方式。这样的信息传递使得从黑海前线的情报传到克鲁伦河畔共用了约 40 天的时间。

假设当时传递的情报每份平均由 10000 个蒙古文字符组成，按现代计算机数据格式要求，每个蒙古文字符用 32 字节表述，每份情报所传递的数据大小就可以转化为 320000 字节,再除以 40 天的 24 小时的 3600 秒,可得 0.0926bit/s。也就是说,按今天的计算机互联网的概念衡量,建于 800 年前的"蒙古驿站通信联络系统"的"网速"略低于 0.1bit/s,约为早期的电话拨号上网 52.6KB/s 网速的 1/530000。与今天的互联网相比,其信息传递速度自然是非常之慢,但网络化的军事信息活动已经建立。将"蒙古驿站通信联络系统"示意图与现代计算机互联网示意图进行对比,可以看到两者之间在拓扑结构上并不存在根本性的差异。

大汗金帐相当于一级服务器,各地分帐相当于二级服务器,驿站相当于路由器,"箭速飞骑"也就是在服务器、路由器之间传递的数据包。以原始的畜力,实现了"脉络畅通、朝令夕至、声闻必达",以至于日本学者仲小路彰在他的《成吉思汗战史》中将"蒙古驿站通信联络系统"视为现代互联网的雏形。

这样的信息网络不仅存在于军事领域,也存在于社会领域,自古以来就具备了"小可毙命,大可覆国"的巨大作用。明末,崇祯皇帝为了节省财政,裁剪了全国 1/3 的驿站,并严重压缩驿站财政开支,导致驿站服务质量下降,政令不通、民意不畅。地方官员由于缺少驿站服务的支持保障,放弃了必要的巡查,惰政现象十分普遍,国家治理趋于混乱。特别是大批驿站小吏的下岗,进一步增加了社会不稳定因素,其中一位就是现在的宁夏回族自治区银川市银川驿站的驿吏,他的名字叫李自成。也正是他领导的农民起义推翻了明王朝。明王朝覆灭的根本原因在于封建地主阶级与农民阶级之间不可调和的阶级矛盾,但其诱发因素却可能有着众多表现形式和不同的发展轨迹。明朝时建立的驿站,一方面起着信息渠道的通联作用,另一方面也是朝廷通过官吏了解全国民众生产生活的服务保障体系;同时,其所发行的驿报更具有现在报纸的媒介作用。这样的驿站系统实际上就是明王朝统治明帝国的信息网络。削弱驿站系统也就破坏了信息网络的结构，降低了信息网络的效能。驿吏李自成的揭竿而起，只是整个历史事件中诸多偶发因素之一，只是他走到了最后。抛开具体的信息网络手段和持续时间上的差异，从这件重大历史事件的发生、发展的整体表现上看，甚至可以将其称为明朝的"颜色革命"。

信息网络的形成是人类社会信息活动的必然选择。当一个国家、一个政权建立起工、农、商、学、士等多层交互的社会领域，也就相应建立起复杂的社会结构，开展彼此相互关联的社会活动。维系这种社会结构稳定，保障这种社会活动运行必然离不开物力、财力和人力的流通和交互。中国古代社会中所倡导的"政通人和"盛世美景实质上也就反映了人们对社会信息活动作用的朴素认识。

然而，对于每个具体的信息活动而言，其活动形式可以存在各种各样的个体化表现，可以像南海《更路簿》一样代代相传，也可以像《三国演义》一样在茶馆中持续传唱。但只要面对复杂的大规模的社会活动，人们必然利用当时可以利用的最快的信息传递手段建立起网络化的信息系统。众多烽火台之间建立的就是"光信号+声信号"预警信息传递系统，众多驿站之间建立的则是更加复杂的畜力传递纸质载体的"信息高速公路"。甚至各级行政衙门之间所构建的也是民情政令上传下达的行政管理网络。网络化信息活动是人类社会化发展进步的必然选择，是复杂的人类社会系统得以形成和运转的基础条件。不同时代的社会信息网络在结构上总是相似的，但在手段和运行形式上则反映着时代的技术特征。

当电报、电话出现后，人类社会的活动范围就从原先相对分离的农业文明社会迈向了相互关联的工业文明社会。此时的人类社会信息网络主要以电磁波为媒介建立起各要素之间、各子网络之间的联系。其中，电磁信息活动只承担信息获取和信息传递的职能，关于信息的处理和利用则全部依靠人的智力。此时，人类社会信息网络仅在信息传递的速率方面得到了极大的提升，但还没有触及信息网络运行的内核。人们虽然感受到了信息快捷的便利，但还没有产生对信息决定性作用的认识。社会生产生活的效率得到了提升，但社会运行的形态并没有发生根本性的变化。

在这种古典的人类社会信息网络中，信息对抗的形式和手段虽然也与信息活动的形式和手段同步进步着，但主要集中在混乱信息感知和截断信息传递两个方面。

当以人力和畜力为主体开展信息感知和信息传递时，信息对抗则以行为欺骗和佯动的形式给敌方的信息感知制造混乱，"增兵减灶""草船借箭""声东击西"都是以混乱敌方信息感知为目的的计谋运用；另外，截杀斥候、"白衣渡江"、夺占烽火台等特种破袭行动则截断了信息传递。而诸如"蒋干盗书""四面楚歌"之类的特殊信息对抗行动则是在具体特定条件下情报战和心理战的样板，有具体典型性，但难以做到普遍广泛地应用。

当以雷达和电台为主体开展信息感知和信息传递时，信息对抗则以电子战的形式独自登上战争舞台。人们已经认识到信息活动的重要引领作用，并竭力破坏敌方的此类活动，同时又竭力保护己方的此类活动。然而，上述活动与"草船借箭"和"白衣渡江"相比较，在信息活动过程的破坏作用上并无二致，不同的只是手段的变化。"草船借箭"和"白衣渡江"所破坏的只是信息网络中具体的点对点信息活动的感知与传递，往往还与具体的作战行动紧密相关，很难做到对整个信息网络的整体削弱和破坏。即便是实现了综合集成的电磁信息活动网络，要想起到对网络整体的破坏作用，也需要使用十分庞大的电子战力量，组织十分复杂的综合电子战行动，并需要得到其他作战行动的有力配合。

在古典的信息网络中，信息对抗行动破坏的对象主要集中在信息感知和信息传递环节上，主要是具体的、局部的破坏，很难直接对信息网络构成整体性破坏。如果说，某次对抗行动达到了影响整个作战全局的效果，那也只是因为其所破坏的信息活动与其所关联的作战行动恰恰是全局性的关键所在，而不是破坏了信息网络的全局。

机器受骗，人类遭殃

一个班级、一个连队的花名册，以及人员档案，都是以文字的形式记载在纸张上的，没有任何人质疑其客观性，也普遍认可其真实性。一份 ID 表格，一串"0""1"数列，则以电磁场强度的形式记载在存储器中，却被认为存在于虚拟空间内。哪怕这些数据就是花名册或档案的电子版，似乎不打印在纸张上，就都成虚拟的了。难道电磁场的强弱与笔墨的浓淡不都是物质状态的表现？难道电磁波、磁盘、光盘、U 盘和纸张不都是信息的物质载体？人们普遍认为网络空间是虚拟空间。那么网络空间难道是"阴曹地府""海底龙宫""天上宫阙"？

"网络空间是虚拟空间"应当是文学描述，而不应该是学术专业表述。至少，"网络空间"也应该是"实拟空间"，是客观世界的模拟映射，而不是无中生有的主观臆造。然而，电子计算机网络空间的虚拟感却是普遍存在的群体感受，以至于很多老人极不习惯网上银行、电子商务，总有一种不踏实的迷茫感。有些老人在银行存钱时，不见到打印在存折上的金额再由柜员盖上章，怎么也不敢相信 ATM 屏幕上的数字就是他个人财产的真实存在。造成这种虚拟感的根本原因不在于这些信息活动是"虚"的，而在于机器以一种无形的方式自主地处理信息，让普通观察者茫然而不知就里。对于专业人员而言，他们则乐见人们对其所从事领域的"神化"，甚至在通俗地说明其工作机理时，为了形象而有意无意地进行比拟甚至是夸张性的描述，进一步加强了"虚幻"的神奇感。

应当说，电子计算机网络空间对人类社会活动空间的客观映射是其现实作用和价值的根本。同时，其所独具的虚拟感则是电子计算机网络战的重要突破口。其原因就在于"机器以一种无形的方式自主地处理信息"。

电子计算机所具有的人工智能来自对事物的符号化表征和思维逻辑的符号化演绎。一切符号化的最终形态都是"0"和"1"的约定与排列。而"0"和"1"的差异感知最终都将以电磁场强度的大小来表征。机器根据固化于内的数据规则（也是一串串"0"和"1"的特定排列）比对出具体数值差异，再根据同样固化于内的运算（演绎）规则（还是一串串"0"和"1"的特定排列）对这些数值差异进行处理，从而完成人为设定的智能活动，再经过特定的功能器件（设备或系统，如显示器、打印机、路由器等）实现人工智能的信息处理和利用。这些过程都在机器内部以电磁场变化的形式展开，在具体的信息活动闭环内往往并不需要人为干预。然而，一旦其所处理的"一串串'0'和'1'的排列"（数据或程序）被有意篡改，一旦其所依据的数据规则或运算规则（协议或算法）也被有意篡改，那么，其所处理的结果要么陷入错误的混乱（在通常情况下，电脑"死机"就是其直接表现），要么就会产生错误，甚至是灾难性的后果（在通常情况下，电脑"病毒"的恶意破坏就是其后果体现）。而这一过程也就是人们通常所说的电子计算机网络战的微观描述。

因此，所谓"小可毙命、大可覆国"的网络战不过是利用电子计算机网络信息活动的人工智能自主性，将精心设计的有害代码发送给目标计算机，使其产生预设的信息处理错误，进而达到特定的渗透或破坏目的。同时，电子计算机网络的构建者和使用者，则力求更好地抗御或避免这种破坏性行为。网络战的本质就是让机器相信精心编制的"谎言"。

于是，为了使计算机网络能够正常运转，并完成众多的智力控制活动，构建者和使用者一方面努力提高构成网络的计算机及其网络连接的硬件的技术性能，另一方面还需要规范整合、完善网络协议，使同一构型的网络能够以同一种"语言"交流。另外，要给每个接入网络的个体加载唯一的身份识别，给重要的信息内容加载密码。综合起来就是四个关键。

第一个关键是硬软件的智能化程度。提高硬软件的智能化程度本身就是人类延伸大脑功能的初衷，也是决定网络空间功能作用的基础。值得注意的是，这里所提及的智能硬软件并不只包括 CPU 之类的处理器，还包括存储器等一切与信息活动有关的器件，以及固化其内的各种程序代码。

第二个关键是网络连接的宽度和广度。宽度是瞬时数据交换量，通常用网络带宽来表征；广度是网络覆盖的范围，从地理空间上看，就是网络终端能够随时接入网络的地理空间集合。在有线网络时代，就是网络接口的分布范围；在无线网络时代，则是所有能够接收无线网络信号的范围，今天已经在互联网卫星的支持下遍布全球。

第三个关键是通用的网络协议。正如人类需要用广泛接受的语言作为各个国家、民族之间交流的工具一样，网络空间的信息交流也必须建立在一种规范的网络协议基础之上。当前 TCP/IP 协议已经成为互联网协议的主体，其他异构网还存在一些自用独特的协议。协议是信息交流的基础，也决定着互联互通互操作的品质。不断升级的协议标准，也反映了网络信息活动对协议品质不断提升的要求。

第四个关键是身份识别，包括对信息内容真伪的识别和保密，通常以 ID 代码和密钥的形式加以确认。在计算机数据处理能力井喷式发展的今天，ID 代码和密钥都以超长数据的形式出现，能够确保信息内容在一定时间内的安全可靠。

以上四个关键领域并不能覆盖电子计算机网络建设的全部，但正是制约其信息活动效益，事关其信息安全的重点所在，自然也就成为破坏其信息活动的"命门""要穴"。破坏行为的着力点自然也就瞄向上述的四个关键。

第一，高技术垄断性的硬软件技术既是战略威慑与遏制的工具，也是暗伏杀机的"定时炸弹"。计算机及其网络技术本身具有极高的技术门槛，当今世界只有美国拥有最完全、最先进的计算机及其网络技术。这是美国全球霸权的重要支柱之一，也是美国竭力维护，绝不容许他国染指的核心领域。在此技术垄断的支撑下，互联网延伸到哪里，美国的网络入侵也就延伸到哪里；互联网应用拓展到哪里，美国的战略优势也就拓展到哪里。轻则中止、混乱对方网络运行，重则掌握一国的经济命脉、交通动脉和人际交往的人脉。无论是引发动乱、触发灾难，还是制造恐慌、颠覆政权，计算机及其网络技术垄断方都拥有了深入对方内部，在对方全域部署"奇兵""利刃"和"定时炸弹"的能力。同时，由于深谙其道的垄断方也绝不容许他人掌握相应的技术，即使他人通过自己的努力掌握了相关部分技术，垄断方一方面会利用国际贸易和技术市场的既有优势，坚决予以打压，另一方面必然通过设置贸易壁垒和法律壁垒坚决阻止他人的计算机及其网络技术在其境内扩散。

第二，在技术垄断地位的支持下，竭力向他国推行网络化，利用网络信息活动的经济效益，侵蚀他国的安全利益的网络殖民化现象日益严重。世界上最为广泛的互联网建立在1个主根服务器和12个辅根服务器之上。其中，1个主根服务器和9个辅根服务器安置在美国，3个辅根服务器分别安置在英国、日本和瑞典。由此可见，世界其他主要国家和经济实体实质上都将自己的网络空间嫁接在美国互联网上。这是经济发展的不得已，也是美国网络殖民的结果，这个结果在国际贸易和经济全球化的历史浪潮推动下，具有难以阻挡的威力。国民经济要发展，很多国家和政治经济利益集团必然需要联入美国的互联网，自然被纳入美国的网络殖民体系，也就不得不接受美国的网络殖民压迫和剥削。如果说掌握计算机及其网络技术垄断权是"威逼"，那么推广网络殖民则是"利诱"。丧失技术自主权就等同于赤手空拳对付全副武装；忍受网络殖民剥削，就等同于佃户租地种田。这样的战略格局已经形成，并在美国的推动下，表现出进一步强化的趋势。任何国家或政治经济利益集团若不能冲破美国的垄断技术壁垒，则必须具备打破、砸烂互联网的能力，否则只能低眉顺眼地接受美国的网络殖民。在金融霸权、石油霸权、海洋霸权和经济殖民、文化殖民之外，美国的全球霸权支柱又多了一个网络霸权，全球殖民统治手段又多了一个网络殖民。

第三，制定规则标准，巩固网络信息活动主动权，牢牢掌控网络信息活动。网络协议标准及多种相关的逻辑规则是互联网正常、高效运行的保障，也是各种软件研发的基础。在技术垄断地位和网络殖民的共同作用下，掌握规则标准的制定权，能够进一步从细节上把握了网络信息活动的一举一动。更为关键的是，支持这样的标准、规则运行背后的硬软件技术却是不公开的，这就为制定者绕开别人必须遵守的规则，成为"超级用户"预设了众多看不见的"VIP通道"，这也成为规则制定者维护网络殖民的"殖民者法律"。然而，正如工人可以罢工以修改劳动法，佃户可以怠工以改变租赁条件，在标准规则的制定上，垄断技术的门槛也并不是高不可攀的，被迫纳入网络殖民体系的大国和政治经济利益集团，也能够通过市场需求和市场准入壁垒推行自己拥有完全自主产权的标准规则。这是动摇网络殖民霸权的一个突破口。尤其是标准规则的运行必须要坚持一段较长的时间，以保证网络信息活动的稳定性。这样，也就为其他国家研究协议的漏洞提供了时间窗口，也为实施攻击反制提供了条件。因此，在第一项和第二项争夺难以在短期内实现逆转和突破之前，针对协议的斗争也许就是最便利的渠道。

　　第四，加密和防火墙技术只是相对弱国的有限盾牌，却可以成为垄断方屏蔽外部侵害的屏障。通过身份识别和数据加密等方式阻止外部入侵几乎成为计算机网络用户的不二选择。然而，在实际的商业运作中，这种被动的防范手段明显处于劣势。一是这种防范手段大多仅对已知破坏手段有防范作用，却无法抵御新漏洞、新病毒的侵害。而无论是协议漏洞、操作系统漏洞、网络硬件漏洞还是应用软件漏洞，最了解情况的依然是垄断方。也就是说，垄断方所拥有的漏洞资源远多于其他各方，特别是在一套操作系统使用若干年后，很多漏洞都被打上补丁，用户甚至被迫跟随软件垄断企业升级操作系统，这实际上等同于重新洗牌，相当于对漏洞的重新布局。垄断方除了拥有硬件和网络资源的优势，还使其密钥编制处于高人一头的有利地位。由外向内实施攻击，通过密钥解码侵入系统，并释放有破坏作用的病毒，也许可以在同为"网络殖民地"的国家或地区间展开公平的对抗，但在垄断方参与的斗争中，无异于在别人的地盘上使用别人的武器和弹药，运用别人的作战手册和操典来展开作战。如果不在垄断方网络内部预置力量和手段，则难以在持续对抗中取得稳定的有利态势。由于垄断方拥有全面的技术和网络运营霸权，预置于其内网的力量和手段也面临着更大的被溯源的危险。

通过对上述四个环节和相应的四个斗争方面进行分析，我们可以看出，网络战是在强敌预设的战场上，以强敌提供的武器弹药和交战规则展开的不对称作战。其他任何国家只要接入现行的国际互联网，其社会生产生活的网络化发展程度越高，其战略利益也就越加"授人以柄"。然而，网络化趋势毕竟不可阻挡，也不可回避。在这个人工制造的、虚拟的，却又能够控制他人实体思想和行为的网络空间里，非垄断方的国家和地区，一方面必须逐步掌握空间建造的权力，包括硬软件技术和标准规则的制定；另一方面必须认识到这将是一个较为漫长的过程，也是极为艰难的过程。在未能取得公平发展、公平建设和公平竞争的地位和能力之前，只能坚持"相互确保摧毁"的战略底线，为国家发展提供安全保障。同时，在获得"恐怖平衡"之际，还必须不断削弱垄断方现有的垄断地位。未来，只有在网络空间取得平等的构架能力和地位，才能赢得国际关系的平等。

为此，"基础置换、预置布势、主攻协议、密毒袭扰"已成为后发国家的网络空间斗争策略。

"基础置换"强调利用计算机及其网络技术更新速度快的发展规律，把握每次技术升级的契机，"修炼内功"寻求硬软件技术的领先突破，并利用市场准入等调控手段，逐步推动以拥有自主产权的技术和产品去置换现有国际互联网中的基础设施，其最终目标至少应定位于构建多国分别掌控的多主根服务器。这是争取网络空间平等地位的根本措施，具有决定性意义。

这个任务虽然极其艰巨，但若要取得平等的国际地位，舍此无他。

"预置布势"强调利用国际互联网在全球范围的推广覆盖和更新替换，利用工程承接、技术援助、贸易沟通等多种渠道，以潜在战略对手为重点，以多方关联桥接对手为策应，预置多种网络攻击手段和力量。平时收集数据，察情利用；战时发动攻击，以避免正面攻击受阻，陷入被动的局面，保留与网络霸权迂回缠斗的能力。

"主攻协议"强调利用网络协议的相对稳定性，一方面争夺协议标准制定的话语权、主动权，配合支持"基础置换"行动；另一方面集中力量全面分析现行各种协议的深层次"漏洞"，以掌握全面破击现行国际互联网的战略威慑力、重点打击力，同时也为争夺制定协议标准的主动权提供直接的技术支撑。"主攻协议"实质上就是瞄准现行网络空间的关键环节和薄弱环节，针对网络信息活动的公共协议所实施的基础破坏性攻击行动。这种基础破坏性攻击行动具有战略决定性、长期稳定性和目标针对性，既是网络空间战略均势的依托，又是主动进攻的尖兵，是在"网络殖民"下反抗的"锄头"，也是垄断方防不胜防的"软肋"，应当成为网络战进攻的主要方向。

"密毒袭扰"强调针对网络防护系统相对薄弱或时间上允许的，同时也具备长期攻取价值的目标，采用密码破译、病毒感染等典型网络战手段对其实施攻击，以达到破坏具体网络信息活动的目的。这是最为常见的网络攻击手段，但不包括流量攻击。从作用机理上看，流量攻击应当属于粗放型的协议攻击，而密毒袭扰则深入信息内容层面，其破坏方式具有极大的灵活性、针对性和功能性，并能够在一定条件下做到范围可控、指向明确。然而，这种攻击方式存在一个极为重要的前提条件，那就是"进入"。首先需要进入目标所在网络，其次需要进入目标的处理器。至少这两层"进入"都需要跨过对方精心设置的防御门槛，即"网络准入"和"内核准入"。准入条件一般为密码或特定的"后门""漏洞"。密码准入可以在防范措施不是十分严密的目标上发挥较好的作用，主要针对个人、一般公益性服务网站，但对于关键业务网络和军事网络，则存在较大的困难，甚至难以在较短的时间内奏效。而"后门""漏洞"，以及人工摆渡等特殊渠道虽然能够提供可靠的进入桥接，但此类渠道的"打通"则存在较大的偶然性。平时门户大开的"后门"与"漏洞"，很可能一夜之间都被打上"补丁"，或者使用者忽然进行了硬软件的更换。而其他人工摆渡等特殊渠道也许在针对某一特殊目标时具有不可替代的作用，但绝不可能成为普适性的攻击方式。也正是这种不确定性的存在使典型的密毒袭扰难以成为网络攻击的主力，其有效攻击范围也常常止步于关键业务网，而且还是与国际互联网紧密联系的关键业务网。但不可忽视的是此种攻击方式的巨大效益，在较长时期内，这也是重点袭扰的主要手段和途径。

通过对现行国际互联网（有线为主或末端用户无线接入主干支撑的有线联结）的四大关键环节和斗争策略的分析，笔者认为：从国际互联网的现有技术体制、组织形式和运行方式上看，垄断方占据了明显的优势地位，并在较长时间内难以撼动。其他国家除在核心技术方面奋力追赶之外，还必须争夺规则标准的话语权、制定权。但最为关键，也是确保网络空间战略稳定的，则是从协议、密码和病毒等几方面有所侧重地发展自己的攻击能力，坚持"相互确保摧毁"的战略底线，维护自身的网络空间安全。

网络电磁，天作之合的时代产物

网络为信息活动提供的便利，远远超过了传统的信息活动工具和组织形式所能提供的便利。至今为止，人类的信息活动可以划分为四个历史阶段。

一是自体感知的原生态阶段，也就是人类利用自身的感知能力获取、传递、存储和处理加工信息的阶段，存在于奴隶社会及其以前。其间文字已经发明并在奴隶主、宗教阶层得到推广，石刻、铭文和羊皮纸等昂贵、不方便的文字载体已经出现。社会性的信息活动仅在贵族阶层（包括宗教）中进行。

二是书信传载的文书形态阶段，也就是人类已经发明了纸张和印刷术，识字者也从贵族阶层扩展到平民阶层的阶段。信息的存储、积累水平得到了空前提高，但信息的获取和处理仍然依靠人类自身。信息的传递速率虽然得到了提升，但还处于人力、畜力的极限以内。这个阶段存在于封建社会全部和资本主义社会前部的历史时期，通常以第一次工业革命为界线。社会性信息活动的主体已经扩散到平民，信息活动真正具有了社会化的范围和规模。

三是无线传播的电磁形态阶段，也就是从人类发明电报机、电话机起，到互联网的广泛推广时为止的阶段，即19世纪中后叶至21世纪初。电磁波作为信息感知和传播的媒介得到了广泛运用,承担起信息获取、传递、存储的主要功能,在信息活动的广度和范围上几乎达到了物质运动的极限。社会化信息活动已经渗透到社会活动和个人生活之中。

四是以电子计算机为核心的网络形态阶段,也就是人类在发明计算机的基础上,发明并推广应用了电子计算机网络的时代。电子计算机网络出现于 20 世纪末,但其社会化推广则开始于 21 世纪初,特别是无线网络的出现进一步将网络信息活动深入渗透到社会生产生活的各领域,个人信息活动也得以随时随地地加入社会化信息活动之中。信息活动的获取、传递、处理加工,直至控制、引导、施效都能够完全脱离人工的参与而自行运作。人类第一次凭借自身的智慧和劳动,创建了独立于自然的物质空间之外,而又与其紧密相关的信息活动空间。由于其一是无形的,又是人工创造的,主要以数据(电磁信号的运动状态)的形式存在,人们通常也将其称为虚拟空间。又因其实际引导和操控着诸多有形的物质空间运动,西方国家使用了具有控制内涵的单词"cyber"来命名这个全新的空间。我国学者认为该空间构成形式的核心在于网络,故倾向于将其命名为"网络空间"。

当前,电子计算机网络也正在发展成为无线的、移动的、智能化的网络信息活动综合体,故人们以具有明确事物表征含义的"网络"一词为其命名。但"网络"一词一方面容易与其他概念混淆,另一方面也不能全面表征无线移动网络的特质,因此,现在人们又提出了"网络电磁空间"的名称,简称"网电空间"。

未来,随着量子通信的实用化发展和量子计算机、量子雷达等基于量子学理论的信息技术的创新发展和推广运用,结合人类社会信息活动的网络化内在需求的引导，特别是现代电子计算机网络的巨大功能昭示，量子计算机网络必然会代替电子计算机网络，量子信息活动必然会在多数领域代替电磁信息活动。网络化的量子信息活动空间也将会取代现在的网络化电磁信息活动空间。

电磁波穿梭在网络栅格间

在网电空间中，电磁波实质上就是信息活动的物质媒介和运动能量的来源；网络结构则是在此空间内信息活动的组织形态。因此，网电空间应当是对当前人类社会信息活动空间的整体表述，能够从事物的本质和形态两方面进行综合概述，具有质的稳定性和形的描述性。相较于"cyberspace"（赛博空间），用一个隐晦的具有"控制"含义的冷僻词来表述其功能特点，网络电磁空间的文字表述具有更加清晰形象的表征作用。在此，本书针对这种网络化的，以电磁波为主要载体的，包涵信息获取、传递、存储、处理和施效全过程的现代信息活动主体空间的描述，都使用"网络电磁空间"一词，简称"网电空间"，其内涵与外延和"cyberspace"相近。

可以认为，网电空间就是人们以电磁波为物质媒介，以网络化为活动形式，所构建的人类社会信息活动空间。理解和认识这个空间必须把握以下五个特点。

一、人为有意活动与自然规律活动相混合

自然界中原本也存在众多电磁活动和现象。其中有些活动和现象对其

他电磁活动甚至具有决定性的作用,如太阳辐射和地磁场漂移,以及电离层的变化等。这些自然电磁活动和现象组成了电磁空间的基本构架,具有客观规律性、整体普遍性和长期稳定性的特征。人们在从事电磁活动时对其特征必须加以考虑,可以利用、可以规避,但必须遵循其内在规律。

经常性并具有恶意破坏性的电磁环境影响还是来自人为的电磁活动。在网电空间中,有效开展或有效破坏信息活动的各种网电系统都是人工构建的,包括各种传感器、通信设备、信息处理设备和专门用来破坏网电信息活动的装备等。正是这些设备实体赋予了人们驾驭电磁波、组织网络活动的能力;也正是这些设备实体使网电空间中的信息得以引导和控制陆、海、空、天空间和社会空间中的诸多实体活动,达到信息活动的最终目的。

所以,网电空间是人工构造的,以网电设备(系统)的实体形式分布于陆、海、空、天各维空间之中,并通过人的认知和运用,渗透到社会空间。

二、无形物质构成与虚拟组织形式相结合

实体的网电设备(系统)本身并不构成网电空间,必须通过无形的电磁波构成网络连接,才能构成一个无垠而又无处不在的信息活动空间。这个空间难以按照有形实体空间的度量方式加以描述,却又渗透在整个实体空间的每个角落。网电空间内各要素之间的联系通过信息活动的关联来体现,并渗透到人的意识活动之中,进而反映在人类社会空间的各种活动和现象中。因此,网电空间是无形客观存在的,又是虚拟组织运行的。

无形强调的是绝大部分的网电空间难以由人的感官直接感受,并且难

以表述其边界,每个要素在此空间内的相对位置又难以用明确的位置度量关系加以明确。

虚拟是指构成该空间的各要素并不是在此空间内的现实存在,而是逻辑上的映射。运行于该空间内的信息也不全是物质运动状态的直接表达,而是通过逻辑语法等规定约定的数据表述。这些信息所映射的网电信息存在形式都是客观物质活动和人类意识活动的直接或间接产物,是对现实事物及其运动的反映。

三、普遍的稳定有序和具体的动态灵活相结合

网电空间内的信息活动整体上呈现出网状多层互通的组织形态。其中,具体信息活动所经历的连接关系和位置路径具有较大的灵活性。运行其中的信息也呈现出整体的有序性和组织性,但具体的活动过程却具有多向随机组合的灵活性。例如,一封电子邮件从甲地发送,在乙地接收,总体上是稳定有序的,但在传递过程中,却可能被拆解成多个字节片段,通过多重动态分配的路径组合,完成快速、准确而又完整的信息传递。

这样,对于信息活动的实施者而言,能够在保证信息活动针对性的同时,又对观察者起到安全保密的效果。对于信息活动的破坏者而言,虽然增加了侦察敌方信息活动的难度,但也提供了多路径攻击的可能。

四、网电融合一体和网络电磁分立共存

网电空间是网络空间和电磁空间高度融合的产物。但是,网电空间不应当专门特指其中的网电一体融合空间,也就是说,网电空间不应该只是网络空间和电磁空间的交集,还应当包括两者的并集。

在未出现网电融合现象之前，网络空间和电磁空间基本上处于相互独立的状态，也没有必要强行将其合并起来。现在，网络空间和电磁空间出现了高度融合的一体化现象，即交集，但人们绝不能只关注交集部分，而忽略未相交的部分。究其原因，还是应当回归到信息活动本身来加以认识。

电磁空间与网络空间分立时，信息在各自空间内以不同的形式和状态活动着，往往需要人工介入才能实现两者间的信息交换或施效。这种通过人工介入方式来沟通协调的两个信息活动空间之间不具备一体化的条件。正如空中作战和地面作战之间必须通过联合作战指挥机构的协同指挥才能协同作战时，不能称为空地一体战；而只有空中作战单元和地面作战单元能够开展自主协同的合作时，才能称为空地一体战。

当网络空间和电磁空间出现高度融合时，一方面，其融合体在急剧扩大；另一方面，未融合部分的网络空间和电磁空间之间能够通过融合体实现信息流动和相互间的信息施效。这样的网电空间也就成了信息空间的一个整体空间。例如，"捕食者"无人机挂载的反坦克导弹导引头的制导活动就是导弹针对目标的独立电磁活动，并没有与地面房屋内一名恐怖分子的便携式计算机及其连接的有线互联网终端形成融合。但这个互联网终端却能够通过互联网侵入到转发"捕食者"无人机遥控遥测信号的商用卫星上，拦截无人机观瞄系统回传的目标影像，进而判断自身的安危，从而实现对无人机信息活动的监视。那颗商用通信卫星就是网电融合的重要节点。这个节点实现了原本分离的电磁活动和网络活动之间的信息连接。因此，网电空间不应特指网电融合那一小部分交集，而应当包括信息活动可能涉及的全部网络空间和电磁空间。

五、既与人类整体活动相融又独立于个体活动之外

就人类整体而言，网电空间就是为满足人们更高层次的信息活动追求而存在的。离开了人类社会，网电空间既没有存在的条件，也失去了存在的价值和运行的目的。但对于每个行为个体，包括由多个个体组成的团体而言，网电空间是客观存在的，并不在意任何具体个体和团体是否参与其中。例如，偏远山区还存在一些没有供电的村庄，生活在那里的人们当然还没有融入现代的网络世界。然而，他们的社保信息、户籍材料却作为一组数据留存在网电空间内。他们的收入甚至会因互联网农作物定价和物流配送而起伏，进而影响到他们原本连供电问题都没有解决的较原始的生产生活活动。

网电空间通过参与信息活动能力的提升，赋予了相应生产生活甚至战争活动高阶生产力或战斗力。因此，在网电空间影响甚至支配人类地理空间活动和社会空间活动的大背景下，任何逃避和自闭都是故步自封，只有主动参与、积极斗争才能在信息时代的对抗中杀出一条生存的血路。

信息，万变不离其宗

网电空间是现代信息活动的主体空间，各种网电活动基本上都是信息活动。围绕网电信息活动展开的各种作战行动，其目的都是争夺网电信息活动主动权，乃至于整个信息活动主动权。其中，专门破坏网电信息活动的作战行动在广义上也是一种信息活动。这样就十分容易将其与正常的为达成某种构建性目的的信息活动混淆。因此，在讨论网电战等相关概念时，需要单独分析网电信息活动概念。

通常而言，网电信息活动就是特指为达成某一目的，为己方其他作战行动服务的信息保障活动。例如，雷达探测、数据链分发、GPS 导航等，不包括以破坏对方此类信息活动为目的的信息破坏活动。

这里存在一个中间地带，或者说较容易产生模糊认识的领域，那就是为网电信息破坏活动而展开的对敌方网电信息活动的侦察活动。此类活动虽然不直接破坏敌方信息活动，并且也是为获取信息而开展的活动，以其行动的表现来看应当属于网电信息活动，但以其行动的目的来看，又应当属于网电信息破坏活动。由于网电空间是人工构建的空间，在网电空间内的活动都是人为的、有目的的活动，其活动形式并不能决定其活动性质。其活动类型应当根据其活动目的来加以区分。因此，此类侦察活动应当属于网电信息破坏活动。换言之，各种网电信息破坏活动也都离不开相应的侦察活动作为引导，两者不可以在一个行为过程中强行分割。

然而，平时为发展武器装备，制订作战方案所进行的专门针对敌方网电信息活动的情报侦察活动，是以获取情报信息为目的，间接支持各种作战行动的，这些活动应当纳入网电信息活动范畴。只是由于这些活动与战时的网电信息侦察活动在手段和组织形式上基本一致，并通常由相应的专业力量承担，由专门的指挥机构组织指挥，而不一定必须纳入情报机构。对于专职的情报机构而言，其职能是为整个军队、整个战争提供情报信息保障服务，其获取的相关网电信息活动情报，无论手段和途径如何，也都应该及时、准确、全面地向相应的专门作战指挥机构和专业作战力量提供，这是其职能、责任使然。因此，凡是针对敌方的网电信息活动，为己方相应网电信息破坏活动服务的网电对抗侦察活动，通常都属于网电信息破坏活动，并和网电信息破坏活动一起作为网电信息活动的一种形式，单独开展研究、建设和运用。

因此，本书所讨论的网电信息活动主要是指为实现信息价值，支撑相关社会活动目标实现的、普遍意义上的信息活动。这些信息活动也都是现代意义上信息化社会、信息化战争的基础，也都是网电战的直接目标。为此，必须针对此类信息活动的基础前提、形态结构和功能施效进行系统性分析，才能跨过网电战技术门槛，真正触及网电战的对抗本性。

一、统一的时空坐标是网电信息活动的前提基础

从本质论的角度研究信息，可以认为信息就是对不确定的否定，对未知确定性的肯定。这种否定与肯定必然是相对的。对于大量行为个体共同参与和相互发生作用的战争活动而言，所谓信息和信息活动必然需要在统一的时空坐标系中运行，以满足这种相对的否定与肯定的参照系选择需求。否则，战争活动就无法达到相互协调、相互配合及相互影响、相互作用的效果。

也正因如此，即使是在农业时代、冷兵器战争时期，人们也自发地、有意无意地建立原始的时空感知体系。只是由于当时的战场空间还十分狭小，对作战协同的时效性要求也十分模糊，那时的战争时空观基本都处于人的感官作用范围之内，并不被人们特别关注。

随着战场空间的快速扩大，作战行动的协同性要求日益突出，统一的时空坐标系逐渐显现出基础性的作用。在机械化战争时期，人们在战前花费大量时间、人力和物力绘制各种地图并广泛使用手表等计时器。同时，人们也利用短波通信远距离、大范围的特性，开设授时无线电台，初步统一了时空坐标系。其时空精确度也逼近当时人类战争活动需求的极限：空间精度接近于米，时间精度精确到秒。电磁波在统一时空坐标系中的作用也初步展现出来。即便如此，也不乏因为计时器误差、地图标注纰漏而导致失败的战例。

实质上，在 GPS 广泛运用之前，人们并不能在较大的空间范围内建立高精度时空坐标系，更不用说让众多作战单元能够共同感知时空坐标。而在 GPS 出现之后，人们经过较长时间的应用，才逐步感受到高精度统一时空坐标系的作用，才主动深入地挖掘统一时空坐标系的巨大作战效益。这种巨大效益根本上是建立在信息活动的时空精确化基础之上的，也就是将最合适的信息，在最合适的时刻，传递到最合适位置的作战单元上，使之能够采取最合适的作战行动，或者以最合适的协同动作达成最佳的作战效果。这也是作战行为追求的终极目标，其要求只有更加精确，而没有终点。

特别是，随着自动化技术和人工智能技术在战争中的应用，统一的时空坐标系实质上也就成为这些无人化武器装备获取、传递、处理信息的依据和相应作战行动的指针。

在 GPS 卫星系统建立的统一时空坐标系基础上，每个作战单元的位置和状态，同时也成为其他作战单元的信息内容，信息的共享与共同施效才真正拥有了坚实的基础，信息活动也终于具备了一体化的前提条件。这种一体化为信息施效的集中统一设置了"开关"，准备好了"触发器"，这也才有了一体化联合作战的真正诞生。

提供统一的时空坐标系系统及其活动本身无论如何也不能纳入纯粹的网络空间，但却是网络空间得以存在和有序运行的基础。这也从基础上决定了现代信息活动空间虽然可以被认为是以网络空间为主体的，但无论如何也不可能脱离电磁空间而独立存在。我们也不可能因为无线电导航授时对网络空间的存在和运行具有基础性支撑作用，而强行将其定义为网络空间的组成。

另外，人们也应当看到，针对统一时空坐标系电磁活动的电子战行动依然具有决定网电空间基本秩序的功能。同样，对导航授时电子信息系统的物理摧毁行动更应当成为决定网电空间构建基础的"绝杀技"。

二、互联的网络结构是网电信息活动的形态表现

及时的信息获取、稳定的信息传递和高效的信息处理是信息活动的品质所在。电磁信息活动大都直接利用电磁波的传播效应来完成对目标的探测、对信息的传递，其中对接收到的电磁波信号的检测则是识别、获取信息的重要环节。因此，电磁波传播理论和信号处理技术共同支撑着电磁信息活动。在这样的理论和技术手段的支持下，电磁信息活动必然表现出功率优先的基本准则。

所谓功率优先的基本准则，就是从信息接收端（收信机、雷达接收机）信号处理能力所需的最小信噪比出发，反推出电磁波在传播、反射、折射过程中损失的能量，进而确定发射机的输出功率。这是设计和使用电子信息系统的基本方式，也是破坏电磁信息活动的基本思路。至于调制样式包含的捷变频、扩频、相控阵等信号体制，实质上也都是在频域、空域和时域维度对电磁能量的分配，最终目的仍然是确保信息到达接收端时，电子信息系统能够检测到足够强度的信号。

这一基本准则是电磁信息活动的根本，是任何单项电磁信息活动能力得以有效展现的前提，也是电磁波传播物理性质的必然要求；然而，却不

是信息活动，特别是作战信息活动自身的必然要求，其中某些方面甚至恰恰是需要竭力避免的。

战场上的作战信息活动不仅需要保证高速度、大容量、远距离，更需要确保稳定可靠。那么按照功率优先原则，提高每次信息活动的品质无疑是解决此类问题的根本之举。这种方式对于克服自然条件带来的削弱损耗而言，无疑是基础性的，也是有效的；然而，对于敌方的电子侦察和干扰而言，则存在高暴露、易破坏的弱点。有意的破坏对电磁信息活动及其效应的发挥具有更大的危害性。两者之间的对抗进一步强化了电磁空间的复杂性。

基于功率优先的基本准则，电磁信息活动及其对抗活动，在相当长的时间内一直主导着电磁领域的斗争，并极大地激发出电磁活动的巨大潜能，如今已几乎触及这一模式的发展极限。无论是对抗中的哪一方，要想取得突破性的进展都面临着巨大的困难。然而，战争行为对于信息活动的需求却从未减退，也不可能受某个技术领域的发展限制而裹足不前。推动信息活动能力持续发展的源动力来自作战行动对信息的客观需求。这种需求在推动相应技术发展的同时，也依据信息活动的根本特质，自然地推动着信息活动组织形式的发展，进而努力提升着信息活动的效率，最终起到提高信息活动能力、拓展信息活动效能的作用。

信息不同于物质和能量，它只是物质和能量运动状态的反映。有价值的信息能够消除人们对感兴趣的物质和能量运动状态的不确定性认识。在战争活动中，己方一方面追求消除战场上的一切不确定性，另一方面则试图进一步增大敌方战场上的一切不确定性。前者催生出众多电磁信息活动，以实现战场对己方的"透明"；后者催生出激烈的电子战行动，以增加敌方的战场"迷雾",最终形成战场的"单向透明"。即使实现了这种"单向透明",出于对作战效益最大化的本能追求,人们还会自然而然地寻求己方各相关作战单元能够共享这种"战场透明",并将这种有利态势稳定地保持下去。

在稳定可靠的环境下,并且在不使敌方察觉的前提下共享信息,自然也就成为战场上信息活动追求的更高目标。同时,这种共享还会带来信息多方传播、多方留存、多方验证的优点,这是信息不同于物质和能量的重要特性。

共享信息不同于"广播"。"广播"是无差别的共享,虽然适用于某些特殊情况,但缺乏针对性,也不符合增强敌方不确定性的对抗要求。将数量众多的用户以某种方式连接起来,并以一种可相互识别、甚至可相互处理的方式传递需要共享的信息,这种方式具备较强的选择灵活性,并能够有效拒绝一切无关和有害者的进入,这就是信息活动利己排他需求引发的必然结果。这也促使开放的电磁信息活动转变为有序的电磁信息活动。这时人们关注的就不再是电磁活动本身所解决的问题,也不再是电磁频谱及其应用技术的发展问题,而是电磁活动形式面临的组织问题。有幸的是,在长期激烈的对抗过程中,电磁信息活动已经充分解决了传递目标选择、保密传输等问题,也为大容量信息传递提供了充分的支撑,可以说基本解决了信号层面的所有问题。当然,这种问题的解决是在无人为故意干扰破坏前提下才能做到的。一旦面对激烈的对抗干扰,这些电磁信息活动都将面临十分严重的威胁。而这种威胁仅依靠电磁波传播理论和信号处理技术难以有效消除,电磁信息活动必然需要寻求新的突破。

随着人工智能技术的快速发展,人们不仅能够对电磁信号进行十分复杂和精细的调制，更能够赋予机器更强的自动处理能力，从而建立起"多址同时可分别"的动态互联信息活动关系，从而满足人们对信息活动的互联，特别是互操作功能的需求。

这种信息活动形态是人类信息活动的必然产物，并不是互联网赋予人类的功能，而应当是，也只能是人类信息活动本质需求的必然结果。在此过程中，网络技术起到了关键性的支撑作用。正如人类一切科学技术的发展都来源于人类生产生活的需求一样，技术提供了新的信息活动方式，展现的却是人类信息活动形态。

然而，这也为破坏人类信息活动提供了一个新的渠道。特别是网络技术在快速发展过程中，自身还保留众多技术漏洞，也未能有效克服电磁活动的先天不足。网电信息活动支撑着人类信息活动，直观形象地展现出人类信息活动形态，甚至将以"一网打尽"的态势引导着几乎一切人类社会活动。网电信息活动在提供前所未有的便利高效的同时，也埋下了几乎是毁灭性的安全隐患。

三、社会的功能实现是网电信息活动的价值体现

人类活动都具有一定的目的性。信息活动本身并不能给人类带来更大的实际价值，但其引导作用的施效却能够为其他相关活动带来巨大的价值。个体的信息活动只能消除个体行为的不确定性，社会的信息活动却能够产生巨大的社会效应，实现社会有序化，激发出巨大的整体效益。即便是有限数量的个体之间的合作、协作行为，也需要信息活动的联系，以产生远大于个体活动效益之和的整体效益。

网电信息活动以其互联互操作的功能实现了社会功能，但也必然遵循

社会活动自身所具备的普遍联系性、相互关联性及相对独立性。

社会各成员及各成员活动都是普遍联系的，这是辩证唯物主义普遍联系原则在社会生活中的具体体现。以满足社会活动需求为目标的网电信息活动必然要遵循这个原则。实质上，网电信息活动还进一步加强了社会要素的普遍联系，使之产生更加迅速、快捷、广泛和多样的联系。

网电信息活动的普遍联系性是其日益广泛而又深刻地主导社会活动的基本原因。任何社会活动都离不开信息的引导，但引导社会活动的信息活动本身却可以是多种多样的。对于个体的简单活动而言，其信息活动主要依靠的是自身的信息感知与处理能力，即人的感官和大脑等。但对于社会的普遍活动而言，其信息活动则需要解决共享问题。网电信息活动是现有最广泛、最快捷、最兼容的，也就是最方便的信息共享形式，最大限度地满足了人类社会活动的普遍需求。这是当今世界快速向网络信息化社会转型的根本推动力。由此，可以说正是网电信息活动的普遍联系性赋予了其对各种社会活动的广泛渗透性，也正是网电信息活动的普遍联系性才使网电空间的斗争关系到战争胜负、民族兴衰和国家存亡。也可以说，在网电空间内不存在完全意义上的物理隔绝，任何参与网电空间信息活动的要素及其活动本身都以某种方式与整个外界的网电空间存在相应的联系。当这种联系以网电信息活动形式存在时，则可以通过网电空间的侦察或攻击行动直接对其构成损害；当这种联系以传统的社会活动形式存在时，则能够通过相应的传统方式直接或间接地对其构成损害。"震网"病毒对伊朗核设施离心机的攻击就充分说明了这一点。可以说，网电空间斗争方式应该是广泛多样的。

网电信息活动的相互关联性是在各项具体的网电信息活动之间，以及相关具体的社会活动之间的必然联系。这种联系既是社会活动普遍联系中的具体特殊，也是社会活动广泛灵活中的动态稳定。首先，网电信息活动的联系渠道和形式是普遍的，联系的方式和相互关系的建立十分广泛和灵活多变，否则就难以有机融入社会普遍联系之中；但具体的网电信息活动及其与相关社会活动之间的联系则是具体特殊的，在一定时间内，或在达成某项功能目的的过程中，也是稳定的。因此，人们在利用网电信息活动的普遍联系性，全面主动地寻找某项网电信息活动的弱点、漏洞时，必须清醒地认识到它与其他网电信息活动，或者与其他相关社会活动之间相互关联的具体特殊性和动态稳定性。也就是说，需要从一般的普遍联系中，准确把握具体网电信息活动的特殊性，有效判断其动态稳定的关联关系，才能真正掌握具体目标的弱点、漏洞。特别是具体网电信息活动与其他社会活动之间动态稳定的相互关联，一方面为掌握具体网电信息活动提供了可乘之机，另一方面也为有效地发现这种关联设置了特殊要求。这就需要人们在深入挖掘网电技术的同时，对社会工程学特别予以关注。这是网电空间斗争由以技术层面为主体，向以社会层面为主体跃升的必由之路，也是拓展网电空间斗争手段和形式的重要途径。网电信息技术为网电信息活动的相互关联性提供了技术支撑，而这种相互关联性则进一步对网电信息技术的发展提出了需求，同时，也是网电信息活动实现其社会功能之必需。当然，这也拓展了网电空间斗争的内容和形式，为网电空间斗争巨大效益的发挥设置了施效路线图。可以说，网电空间斗争的思维方式应该是发散多路径的。

网电信息活动本身也存在相对独立性。这种独立性不是绝对的隔离，而是维持其自身运转的内在本质反映，也是网电信息活动与其他信息活动的区别，包括具体网电信息活动与其他网电信息活动、其他社会活动的区别。首先，网电信息活动是在人工制造的信号、协议、代码及其语法、语义等支撑下的物质运动和意识运动的复合。这与自然存在的人类传统信息活动存在根本区别，即物质对象本身的状态反映与人工制造的虚拟状态映射的区别。这也就将网电信息活动的主体范围相对限制于网电空间，并需要专门的感知器、触发器或人工介入，才能使网电信息活动从所谓的虚拟空间中走出来，在实体空间内发挥其信息施效的作用。对于具体的网电信息活动而言，为实现其特有的网电信息功能，必须在普遍遵守相应的协议、语法和语义等共性要求的基础上，在具体的信号样式、信息内容、代码组成，甚至专门设置的身份识别、地址分配等方面，都特别赋予某项具体的网电信息活动的相对独立性，以确保相应信息活动的安全有效。因此，在具体的网电信息活动过程中，网电信息技术手段赋予其区别于其他信息活动的个性，既是组成人类社会活动的各种具体信息活动的个性功能要求，也是网电信息活动得以有序、有效运转的性质要求。这也使网电空间斗争行为在具体的行动层面上具有十分强烈的个性，需要针对敌方网电信息活动的具体特点，进行全面而又深入的具体分析。可以说，网电空间斗争的技战术手段和目标应该是有具体针对性的。

需要说明的是，这里讨论的社会功能必然包括人类社会最复杂的社会活动——战争。战争中的网电信息活动全面渗透各种作战行动和指挥活动，其反映的也是各作战要素之间的联系，同样具有普遍联系性、相互关联性和相对独立性。

网电战来了

"网电战"概念的提出必然是在网电空间形成之后,至少应该是在人们能够清晰地预见网电空间的构型、运转规律和功能作用之后,针对当时信息化发展的物质技术基础和信息活动的主体形式,而确定的具有时代特色的信息战阶段性表述。网电战是一种新兴的作战形式,更是对原有的网络战、电子战的突破发展。

一、网络化的电磁活动促使电子战发展跃变

电磁信号层面的斗争已经进入充分的深入发展阶段,"没有干扰不了的雷达,没有反不了的干扰"则充分描述了电磁信号斗争的现状。电子战注重信息活动的获取、传递环节对信号本身的破坏,利用电磁能量由外向内压。然而,在网络活动及网络化理念引入电磁信息活动之后,电磁信号层面的斗争,逐渐让位于电磁信息活动组织形式的斗争。传统的基于能量压制干扰接收机的电子战制胜机理,已经日渐式微,面临三大障碍。

第一个障碍是干扰能量在空间上的分配不足。最简单的电磁活动组网形式是雷达组网,这种简单叠加、相互配合的大区域绵密重叠数据互联形式的雷达网,为多种电子战手段的运用带来了巨大障碍,除非以较大数量的干扰资源重点对某个方向的组网雷达实施多频段、多样式的干扰压制,否则无法形成有效的干扰走廊,组网工作的电台也存在此类情况。这种简单组网通过空间分布,分散干扰能量,从而达到整体抗扰的作用。若使用多种体制的雷达或电台组网，那么即使是灵巧的欺骗式干扰也难以迷惑众多雷达。信息化的电磁活动组网则在网络连接、数据共享支撑下，实现数据的相互印证、互相转发，甚至能够完成互操作的智能化网络化电磁活动。即使是嵌入武器系统的具有传统"一对一"保障性质的火控制导雷达系统，也能够在协同作战系统的网络中心平台支持下，接替引导其他火力单元发射的导弹。因此，网络化的电磁信息活动首先就为电子干扰制造了难以解决的能量空间分配难题。

第二个障碍是干扰能量在频谱上的分配不足。传统的以扩频技术为支撑的跳频、扩频通信已经为电子干扰带来了不小的麻烦，而宽带无线数字通信等技术更是在频谱利用上实现了低功率、大容量、较远距离的集体组网通信，不仅为电子侦察带来了巨大困难，更使得基于窄带干扰机理的干扰技术陷入无目标可获、无目标可扰的困境，即便能够集中有限地干扰资源阻断某个节点的通信联系，对于整个集群通信网络而言，其破坏作用微乎其微。若要使整个集群通信网络瘫痪，必须对整个宽频段实施阻塞式干扰，干扰能量难以在整个频段范围内达到充分的功率谱密度；即使达到了也严重破坏了较宽频段范围的电磁环境，势必影响己方的电磁信息活动。因此，数字化的电磁信息活动不仅是无线网络通信的需求，更为窄带干扰带来了难以克服的能量频谱分配的困难。

第三个障碍是信码识别代替信号样式识别屏蔽了干扰信号的有效注入。传统干扰得以施效的技术机理在于电磁波产生的感应电流的强弱变化，与真假信号和噪声无关。只要接收机无法识别真假信号和噪声，干扰信号就能够顺利地进入信号处理后端，从而扰乱其正常的工作性能。但在信码识别代替信号识别之后，一方面可以在离散的数字信号上做到在时域上的能量积累足够强大，另一方面还可以同时采用宽频技术和组网工作形式，使传统电子干扰更加难以将干扰信号注入敌方信息系统内部。这个障碍实质上就是通过数字信号在时域上的积累组合区分有用信号和无用信号，进而确保有效电磁信息活动的顺利实施。

可见，电磁活动的网络化已经利用技术和组织形式上的进步，在空间、频谱和时域上对电磁能量进行了重新分配，为基于空间、频谱和时域各域重合，以及基于能量施压的传统电子战带来了难以克服的困难，也使传统电子战进入了发展瓶颈，似乎进入了触及能力提升的"天花板"。

二、电磁化的网络活动逼迫网络战另寻接口

事实上，经典的电子计算机网络战也面临类似的困境，主要表现在以下三个方面。

一是进不去。无论是更高安全等级的关键业务网，还是与互联网隔绝的军事指挥网，"桥接"进入是绝大多数网络战手段必须闯过的第一道难关。原先讨论互联网网络战时，"进入"问题仅限于对互联网严加防范的内网或节点，虽然面临"密钥"难题，但仍然可以通过"漏洞"和"木马"等手段来突破。但对于物理隔离的内网，则只能通过人工摆渡或硬件搭线的方式驳接。这种驳船换乘式的连接方式存在很大的不确定性。而对无线网络型号的侦测、分析，甚至冒充、替换和攻击则必须回溯到信号层面，绝非网络战自身可以解决的问题。

二是看不懂。所谓"看不懂"就是针对非 TCP/IP 协议的异构网络，在不同协议之间存在天然鸿沟，哪怕仅仅是因为操作系统和应用软件不同，很多密码或病毒攻击手段的效用都将大打折扣，甚至完全失效。而这些异构网络协议大多是秘而不宣的，外界难以获得其完整构型资料和代码格式，

哪怕获得了能够接入其中的部分终端，也难以全面了解其协议组成，从而难以影响整个网络。针对此类网络，传统的网络战手段基本无济于事，人们必须借助于电子战手段加以阻挠。

三是跟不上。网络战行动往往都需要一定的时间积累，极少能够立竿见影，更不用说为实施有效的网络战行动，事先必须长期进行大量情报侦察，采取网络嗅探和预先设伏等行动。电子战行动虽然也强调平时的预先侦察，但其主要任务还是作战准备、装备研发等准备工作。战时的直接侦察则是为电子攻击行动提供直接目标引导，一旦得手，立即生效，更加适应信息化战场快节奏的特点。更何况，电磁波以光速直达目标，不受流量、带宽的限制，作战行动的时效性能够得到充分保证。

因此，为有效对抗无线传播的网络信息活动，适应联合作战在时效性、灵活性和可靠性上对网络战行动的更高要求，经典的电子计算机网络战必须另寻接入敌方网络的入口，才能发挥其巨大的破坏效能。

三、网电战是电子战与网络战的一体融合

电子战与网络战自然融合的需求和趋势不是人为撮合的，而是人类信息活动形态演变自然触发的结果。人类信息活动受其内在的本质需求推动，自然追求更快、更广、更准确、更加智能化，尽可能地代替人脑工作。在这样的原动力推动下，今天的网电空间自然产生了，并将信息活动的多个主要环节连接成连贯的、自动的、智能化的整体。此时，若人们仅仅利用传统的只针对某个具体环节信息活动形式的破坏手段，则必然陷入无能为力的窘境。

网络连接电磁化和电磁活动网络化的相向而行，必然促使网电一体作

战形式的出现。特别是在网络信息活动更加深入、全面地与广大民众的思想认识结合在一起，成为意识判断的素材来源、意识观念的宣扬渠道、共同意识汇合的纽带、群体意见表达和行为纠合的平台后，网电空间实质上就成了心理战的主战场。

因此，可以说，网电战是致力于争夺网电空间信息活动主动权，针对信息活动和网电信息活动，着眼信息活动各环节，围绕网电信息活动各要素，综合运用电磁能，在网络技术的支撑下，攻击或抗击敌方的作战行动。

当前阶段的信息领域斗争就聚焦在网电空间，其主要作战形式仍然包括电子战、网络战和心理战，但网电一体作战的萌芽已经出现，人们需要立足当前的信息活动主体形态，从整体上认识和把握信息战的各种形式，重点研究网电空间内信息活动斗争的特点和规律。

（一）目的在于"争夺网电空间信息活动的主动权"

所谓主动权，就是拥有主导的权利，能够按自己的意图行事。然而主动权并不强调对敌方的绝对控制和追求己方的绝对自由。那种绝对性的终极目标必然分散人们对战争目的（作战目的）的关注，人们甚至会在追求绝对性的同时，偏离初始目标方向。

与绝对主动权含义相近的是全面主动权。如果说绝对主动权具有极端性而不可能也不必要追求和获得，那么全面主动权也会因为其覆盖面广泛、持续时间漫长、涉及领域众多而同样难以追求。但这并不意味着全面主动权就不可能获得和实现。在竞争领域中，如果一方相对于另一方拥有技术代差的优势，那么其全面主动权的获得与发挥往往十分容易，甚至顺理成章。例如，在抗美援朝战争初期，美军就拥有对志愿军的空中全面主动权。

到了后期，志愿军空军配备了"米格-15"先进战斗机后，才夺取了局部空域的制空权。然而在地面战场上，美军虽然也拥有十分巨大的火力优势、机动优势、防护优势和综合保障优势，却根本没有掌握过地面作战的全面主动权。

实际上，全面主动权原本就不是战场角逐的结果，而是建设发展差距的自然表现。战场上，战斗的使命只是如何运用好既得的主动权，争取更高的作战效益。

因此，绝对主动权不可争，也不必争；全面主动权则无须在对抗中争夺。真正反映战争对抗性，且普遍存在的则是局部主动权。局部主动权是一时、一地、一方面的，有限的、暂时的、部分的主动权，是一切具有对抗能力的交战双方最现实的追求，同时也是最终取得全面主动权直至全面胜利的必经之途。

局部主动权是有限的主动权，反映在时间和空间两个方面。在时间上，一方的主动权不是始终不变的，是在对抗中此消彼长的，主动程度的变化也在时刻发生，或者说是动态的。这样的主动权必须与实现作战目标的各种行动紧密结合，才能产生现实的作战效益。因此，对整体处于劣势的一方，更加需要在充分知情的基础上，精确地把握战场态势的瞬息变化，争取建立和扩大短暂的主动权。在空间上，对抗双方的主动权又是相互交错的。信息化战场上的空间主动权不再像机械化战争时期那样有明晰的对峙阵线，泾渭分明，但也绝不是混沌一体、不分彼此的。一方的主动权如果超出了实力所及的空间范围，自然将滑向被动的深渊。例如，美军航空母舰战斗群在远洋上拥有巨大的优势和主动权。若将其驶进波斯湾，靠近伊拉克海岸线，其主动权不仅不会被削弱，反而还将扩张到伊拉克境内纵深。

然而，若将航空母舰战斗群驶进中俄海岸线 400 千米附近的海域，其主动权将丧失殆尽。因此，在空间上的主动权也是有限的、相对的，这是局部主动权的基本特点。正确的指挥就是能够洞悉战场状态的瞬息变化，清醒地认识和把握敌我双方既有主动权的范围，稳定有序地转移或扩散主动权范围。

局部主动权往往也只是在部分作战领域或方向上的主动权。各部分作战力量的种类、数量多少，以及其在战争中的地位高低和作用大小积累起来，共同形成整体的主动与被动态势。同时，在各部分作战领域或方向中也仍然存在相对的局部主动或被动。

当军事技术定义战争的形态，主导战争的面貌，左右战局的发展时，局部的主动权也包含军事技术掌控和运用能力的对比。在抗美援朝战争初期，中国人民志愿军由于缺乏反坦克技术和手段，也缺少装甲力量，甚至连炮兵火力也十分匮乏，即使在最擅长的地面作战方面，也难以有效组织反装甲作战行动，从而导致其战场主动权必然与山地等不宜装甲部队行动的地区紧密关联。空中斗争也存在这种情况。在中苏未拥有"萨姆-2"高空防空导弹前，美军凭借"U-2"飞机的 20000 米飞行高度肆无忌惮地深入中苏腹地实施侦察行动。而当"萨姆-2"数次击落"U-2"后，美军又采用飞得更高、更快的 SR-71"黑鸟"侦察机延续入侵侦察行动，至今无一被击落。

局部主动权在网电空间斗争中更加具有普遍性。在网电空间斗争中，技术先进的一方拥有的整体优势，并不能直接掌握全面的信息活动主动权。在近期的几场局部战争中，美军表现出来的全面制信息权，更多的原因不是对抗方的技术落后，而是其自身对抗意志的丧失，将信息活动主动权拱手相让。诚然美军在信息技术上拥有的绝对优势，也为其获得整个战争过程和整个战场的全面制信息权奠定了坚实基础，但这并不意味着这种全面制信息权就非美军莫属，主要原因有三个。

原因一，美军的信息技术优势并不能在战争的整个过程和整个战场范围内完全压制对手，不容对方任何网电信息活动的存在。特别是为满足自身信息活动需求，保持整个战场时空范畴内的信息活动和进攻能力，美军也不可能实施全方向、全频谱、全时段的信息压制，这也是弱势一方的可乘之机。所以，尽管美军相对于伊拉克、南联盟军队拥有绝对的优势，但在电磁领域内的信息活动主动权也必然是局部的。只是其所占的局部很大，并在作战过程中得到进一步巩固和扩大，最后才近似于获得全面的信息活动主动权。

原因二，在具体技术领域内，先进对于落后往往就意味着"碾压"式的绝对优势，进而形成所谓的绝对主动。例如，高跳频通信电台和捷变频雷达对瞄准式噪声干扰。当把网电空间视作信息活动的大空间，将具体的网电活动视作完成信息活动的手段和途径时，就会看到，虽然一方可以在很多方式上能够"碾压"对手的具体网电活动，但并不意味着对手的信息活动必须以此种固有技术形式来实现。实际上，电磁技术和网络技术自身在信息活动中也存在诸多先天性的缺陷和不足，拥有绝对技术优势的一方并不能自动获得全面的信息活动主动权。这是网电技术相对落后一方摆脱优势方压制的重要途径，但落后方往往在"技术制胜"的神话中迷失了方向。例如，即便是针对"基地"组织，美军动用全球最先进的信息技术和庞大的情报网，耗时十年才击毙本·拉登。而暴露其行踪的主要原因之一，却正是一次具体的网电信息活动：本·拉登的保镖在其住所附近使用手机通话时间较长，满足了侦察定位的时间要求。

原因三，网电信息活动具有很强的关联性，这种关联性是客观存在的，甚至将敌我双方关联在一起。这是电磁空间的开放性和网络空间的互联互通性所决定的，这也进一步将网电空间的信息活动主动权限制在局部范畴内。电磁空间的度量除空间、时间维度之外，还有频谱这一特殊维度。人们通过设计天线形状，调整辐射时间和功率，在空间和时间上来控制或破坏相应的电磁活动。同时，人们还必须结合电磁活动的应用功能和电磁波传播特性来选择工作频段。然而，人们除了在工作时间上能够相对做到精确控制，无论是辐射方向还是工作频率，都难以调制到十分精确的程度。尤其是针对某一项特别的功能应用，可供选择的有效工作频谱范围十分有限，敌我双方不可避免地拥挤在一起。这就使任何一方发动攻击行动时，都不得不顾及己方的相关电磁活动，避免自扰互扰。因此，那种全面覆盖式的全频谱压制，不仅技术上难以实现，战术上也得不偿失。电磁空间的斗争必然在这种敌中有我、我中有敌的复杂交错状态下进行。网络空间的斗争必须将敌我双方联系起来。即便是只从攻击方角度考虑，也不可以肆无忌惮地开展无限制的破坏活动。网络攻击的延迟性、衍生性、存储性、自扩散性和"链式反应"等特性都可能使得对敌进攻的"病毒"反噬自身，对互联互通网络的破坏也可能"自毁长城""自断退路"。从信息活动全局考虑，破坏敌方网络并不是行动目的的最终归宿。不让敌用，专为己用才是真正的主动。拥有网络优势的一方也必须有针对性地、尽可能可控地展开网络攻击行动。全面的网络破坏活动，必然导致后续网络战目标的丧失，迫使对方更加肆无忌惮地攻击己方的网络，其最终结果只能是两败俱伤、玉石俱焚。这里强调网电空间内的斗争目标是局部的主动权，实质上就是明确网电战的根本目的和实现途径。弱势方一方面要摒弃对优势方无所不能、无所不用其极的错误认识；另一方面也是要建立起敢打能胜的信心。

技术水平的高低具有基础性决定作用，但技术毕竟是为信息活动服务的，灵活地运用现有技术，在追求和满足复杂严峻情况时，信息活动需求则是网电战始终不变的核心要义。弱势方更应当坚定信息领域的斗争意志，不能囿于具体网电技术的高低。

（二）目标对象是网电信息活动的各环节和要素

一个完整的信息活动包括由信源发出/感知信息，通过信道传递信息，到达信宿处理信息，最后以直接或间接的方式使信息施效，完成引导各种行动的功能。

网络信息活动就是在统一的协议支持下，在信道传输和信宿处理过程中，嵌入众多中间信宿，构建多路迂回或数据共享的信道。有时，信道因为传递方向呈多向性，甚至共享性，而超出了一对一、一对多的信道含义，信道和存储、检索等过程性的信息处理单元合在一起，最终演化成今天的"云终端"的概念。当过程性的信息处理单元作为信道的附属而融入信息传递过程中后，信宿则主要指将信息的引导作用转化为最终功能的终端，如控制器、显示终端等。

对信息活动各环节、各要素的破坏，实质上就是中止或引偏信息活动，这些都是过程性破坏。网电战的目的却不仅限于此。对信息内容的破坏一方面能够起到剥夺信息活动功能的作用，另一方面则可以误导信息施效。后者具有更大的隐蔽性和危害性。

从中可以看出，网电战的目标范畴实质上是比较广泛的，达到破坏敌方信息活动及其施效作用的着力点和途径也是多样的。反言之，为保护己方信息和信息活动的安全稳定而面临的威胁也是防不胜防且不得不防的。

因此，网电战的对抗形式和内容必然是多样、持续和反复激烈的。

值得注意的是，信息活动各环节，以及信息本身的物质媒介属性和运动状态存在巨大差异，其中既有有形的实体存在，又有无形的电磁波调制；既有有序的级联关系，又有无序的组网关系；既有直接的信号响应，又有虚拟的数字代码；既有固定不动的基站驻点，又有高速移动的陆海空天平台……

可以说，网电战的目标几乎能够与所有作战目标都建立直接或间接的关联。换言之，现代信息化战场上对任何作战目标的打击，都可以得到网电战行动的支持帮助。而任何网电战行动也都能找到与之紧密联系的其他作战行动。究其原因，是在信息时代各种作战力量、作战手段都必然嵌入各种各样的信息系统，都需要借助于信息和信息活动以实现或增强其自身的作战功能。如此多样、全面的作战目标是以往其他作战形式或手段从未企及的。这就为建设、筹划和组织网电战带来了巨大的困难。仅从指挥活动而言，网电战的指挥人员需要广泛了解掌握其他各种作战行为；而其他各种作战行为的指挥人员也必须了解掌握网电战的特点规律。

另外，人员是不是网电战的直接目标？这看似是一个具体问题，却是有可能成为改写作战形态的根本问题。

自古以来，人的因素就是战争胜负的决定因素之一，或者说是战争中最核心、最基本、最重要的决定性因素。一切作战行动和目的的最终归宿都是人；而一切作战行动和目的的出发点也都是人。甚至于任何能够对人的身体、行为和思想产生破坏作用的行为和手段都可以应用于战争之中。然而，就网电战的前身——电子战和网络战而言，其最初的产生和应用均不直接针对人，而是专门针对人使用的工具。直至定向能武器出现，人们才在电子战的概念中纳入人员类目标，其杀伤机理虽然不同于传统的武器装备，但其结果和作用相同。由此，人员自然就可以跟随电子战的概念范畴自动纳入网电战概念中了。更何况，人员本身就是信息活动过程中的重要因素，人员也是信息处理的重要单元。激光炮、激光枪、高能微波武器均被列入电子战的新概念武器范畴。网电战目标包括人员，网电战行动包括对人员的杀伤，似乎也无须讨论。

然而，如此一来，网电战与其他兵力火力作战形式也就不存在本质区别了。如果将来飞机、军舰、坦克都以激光武器或高能微波武器为主要杀伤手段，网电战是否将包含几乎所有的作战行动和形式？网电战概念是否就没有单独存在的必要了？网电战是否本就应该像火力作战诞生时那样不需要单独列出，而是完全融入原有的作战力量和指挥体系之中？

当前，网电战的目标绝大多数仍然是信息活动各环节、各要素和信息本身。对人员的直接攻击主要表现为炫目、噪声驱离等非杀伤性形式。也就是说，当前网电战的作用机理在于破坏敌方组织协调和控制能力，而非人体或设施器材的损毁、伤亡，尚不具备普遍性的杀伤能力。

未来，随着定向能武器的日益成熟，对人体或设施、器材的毁伤能力普遍运用之时，也必然是传统火力向电磁力转化之时，将发生类似火力战代替冷兵器作战的战争形态新演变。然而，即使到了下一代战争形态中，信息活动和信息的引导作用仍然无法替代，围绕信息活动和信息的斗争仍将存在。具有普遍杀伤效果的定向能武器可以通过毁伤信息系统的实体存在达到破坏信息活动的目的，但这种情况和今天使用反卫星导弹击毁卫星并无本质区别，与使用干扰机干扰卫星，甚至通过网络战控制卫星，则存在技术机理和作战效能等多方面的巨大差异。

因此，当前应当坚持将网电战的目标限定于信息活动的各环节、各要素和信息本身，这是网电战在信息战阶段性发展的现实反映，也是下一步信息战发展变化的主线。

　　由于定向能武器也是运用电磁能遂行作战行动，其技术原理与其他电子战行动本无二致。在其尚不能普遍运用，且未占据战场主导地位之前，出于技术发展和建设管理的方便，可以暂时将针对人员的毁伤手段置于电子战，进而置于网电战手段的范畴之内。另外，对于电磁脉冲炸弹、微波枪之类专门用于攻击敌电子信息系统的器件、电路和传感器等目标的手段，由于其攻击对象仍然局限在信息活动的各环节要素之内，自然属于新型的电子战手段，也属于网电战手段。美军将专门打击无人机的微波枪称为"赛博枪"，也是基于同样的考虑。

（三）手段形式是网络技术支撑下的电磁波

　　所谓作战手段，是指作战中运用的武器、工具和方法。笼统地说，电子战的手段就是电磁波，网络战的手段就是代码，两者在形式上表现出巨大差异。电子战的电磁波表征指标是功率、极化、振荡频率和调制样式等；网络战的代码则忽略其物质载体属性，关注于代码组成在协议标准下的信义内涵。如此大相径庭的两种手段竟然融合为一体，催生出网电战这个新的概念，并将两者包容起来，其依据就在于信息活动及其信息是网电战的目标，为达成此目标而运用的手段都将是网电战手段。此时，又要从信息活动本质上去分析，并在信息化过程进入网电时代的背景下加以考量。

　　前面认识到，网电战实质上就是信息战在人类社会信息化进程进入当前以网电空间为信息活动主体空间，以网电信息活动为主体形式的时代性产物。电子战和网络战原本在各自分立的空间内独立地开展信息攻防活动，而网络化的电磁活动和电磁化的网络活动趋于融合的过程，催生出了网电战概念。然而，无论是以电磁信号的强弱长短直接表征信息，还是以数字化编码按照协议标准间接表达信息，其物质载体都是电磁波。哪怕是 CPU 中正在处理的数据，磁盘上存储的数据，都是以电信号、磁信号作为媒介存储和运转的。即便是光盘上蚀刻的数据也需要激光照射反射出不同强度的光信号，才能正确地读取数据。

因此，网络战行动在物质运动层面上也是关于电磁波的运用，只是其功能实现并不在意电磁波本身，而关注编码的意义。这种针对网络活动的有秩序、有规则、有特定信息含义的编码实质上就是对电磁波的特殊调制。其信息内容并不直接由波形反映，而是由波形（离散）的表征排列在约定的协议编译后的反映，最终转换成人类可以识别的字符、图像、声音，以及各种控制器所能识别和产生动作的指令。典型的网络战手段实质上就是利用网络和软件系统的漏洞，将具有破坏性的编码通过既有的网络进行连接，对特定目标实施的破坏活动或者引发破坏性的网络行为。这样的网络战行为与正常的网络活动在形式上并无二致，区别只在于传递的编码内涵及其引发的网络行为后果。其中，无论是病毒、攻击指令，网络漏洞检索、流量分析等网络攻击软件，还是固化于硬件中的操作控制指令，这一切都是按预订协议编译的编码，是超脱电磁信号调制样式的具有特定内涵的信息。

那些被称为网络战手段的所谓软件工具、病毒都是网络运行方式的指令集。网络战的手段更多是以手段定义中的"方式"性质命名的，与电子战手段存在明显的差异。电子战手段大多以电子战装备和实体工具、器材来命名，如干扰机、干扰箔条等，其中有关"方式"的并不称为手段，如"质心干扰方式""冲淡干扰方式""欺骗干扰方式"等。在网电融合的过程中，如果延续电子战和网络战的习惯性命名方法，势必会引发概念认识上的混乱。为此，使用"综合运用电磁能在网络技术的支持下"的说法，突出电磁波的物质性与手段的物质性相匹配，但明确强调"网络技术的支撑"，以彰显网电战的网络化性质的同时，兼顾包含传统、典型的电子战手段在网络化战场上的使用是可行的。因此，"网络技术的支撑"的说法并不是忽略网络战手段的存在，反而是为网电战手段的网络化属性做进一步强调。

概念不明，一切归零

通过对网电战概念内涵的剖析认识，至此，我们可以将各相关概念整理罗列，进而厘清网电战与其他相关概念的联系与区别，才能更加深刻地认识网电战的特点与规律。

一、作战与作战保障

关于作战与作战保障的属性之争最初发生在电子战领域，并引发了一系列与"战"有关词语的认识争论。我们需要从汉语字义的本源出发，辨清专业术语和通俗称谓的区别，廓清网电斗争领域的概念术语体系。

"战"字是军事概念体系不可回避的文字要素。"战"字同时也是汉语体系中重要的构词要素。《说文解字》认为，"战，斗也"。《汉语大词典》（1990年第一版）给出了五条"战"字的释义：①作战，战争；②较量，角逐；③恐惧，发抖；④摇晃，颤抖；⑤姓。其中，第一、二条释义常见于军事专业术语和日常用语中，这样就形成了狭义的"战"和广义的"战"。

军事术语自然建立于狭义概念之上，以确保概念定义的准确性和排他性。

从狭义上理解"战"及"作战"，其本质内涵聚焦在"斗"上。对于战争活动而言，"斗"是指两个（或以上）个体或团体的激烈对抗，是对敌方（一个或多个，一方或多方）有生力量及其使用的设施的对抗，是具有破坏性的激烈对抗。这样，对于人与自然界的抗争，如抗洪，则可以在普遍意义上使用广义的"战"，如"战天斗地"，但不能将其用于军事理论体系。在现行的军事理论体系中，虽然也存在"非战争军事行动"，但也是限定了"非战争"的前缀修饰。因此，可以确定，一切与"战"和"作战"直接关联，并以此词根所组成的术语中，都必须带有作用于敌或与敌作用的先天内涵，也就是"斗"的本质含义。

电磁频谱应用于作战之中时，并没有具备"战"的含义。通信、导航、敌我识别只是己方之间的联系与相互确定。尽管雷达向敌方目标进行照射，但并不对敌方目标的状态和性能产生直接作用。这些都不是作用于敌，或是与敌发生作用，使敌有生力量或所使用的设施直接遭受破坏的行为，只能划归到作战保障之列。

保障，是指军队为遂行任务和满足其他需求而在有关方面组织实施的保证性和服务性活动。

作战保障，是指军队各级指挥机关为满足作战需要而组织实施的直接服务于作战行动的保障。

由此可见，伙食、被装、思想工作、装备维护、油料供给等，虽然也与作战行动存在或远或近的关系，但都未能进入作战保障的范畴。而通信、情报等则与作战行动的组织实施直接关联，甚至决定作战行动的成败，才被归于作战保障的范畴，但并没有被列为作战本身。

作战，是指武装力量攻击或抗击敌方的行动，包括各种类型、形式、样式的作战。就类型而言，作战可分为进攻型作战和防御型作战；就形式而言可分为阵地战、运动战、游击战；就样式而言则可分为山地战、城市战、登陆战、空战、海战。一场具体的作战（战斗或战役）可以通过类型、形式、样式加以全面描述。例如，1979 年 2 月中越边境自卫还击作战，可以表述为热带丛林山地对野战阵地的运动战；1962 年中印边境战争，可以表述为高寒山地运动战；1974 年西沙群岛自卫反击战则可描述为热带珊瑚岛礁海域防卫作战。对作战进行描述的格式通常为样式在前，形式居中，类型在后。

这些经典的军事理论术语十分精确清晰，其语境范围也仅限于专业军事领域。与此同时，一系列专业与非专业混淆的词语也在专业军事领域中使用。例如，1984—1992 年，中国在南部中越边境地区组织的防御作战，其主要作战形式为阵地战和炮战。其中，阵地战就是严格的军事术语，而炮战一词虽不能完全将其排除在军事术语之外，但也含有通俗、不严谨的内容。与"金门炮战"的比较，就可以体现出其中的细微差别。也正是在武器装备种类日益多样，其作战功能和作用日趋强大之时，一系列以主要武器运用为名的术语层出不穷，既丰富了现代军事术语体系，也容易让人混淆。特别是电磁技术的应用，又开辟了一种无形的斗争领域，其技术机理深奥难懂，作战机理模糊难辨，更加引发了人们认识、表述的混乱。

从"作战"的定义上看，以防御姿态遂行作战行动时强调的是"抗击"，不仅强调"抗"的防御性，重点突出的还是"击"的攻击性。也就是说"作战"必然是"作用于敌"的行动，在"抗御"敌方攻击的同时，还应当"还击"敌方，以此才能消耗敌方攻击力。那种"只抗不击"的消极被动的"防御"则不能称为"作战"。这不仅是军事术语中严格的概念逻辑，也是通俗表达的内容。例如，抗日战争初期，20万名东北军奉行蒋介石的"不抵抗"政策，拱手让出东三省，无论是军史研究，还是老百姓的认识，都不会给东北军以"与日军作战"的肯定。

通信电台、雷达等遭受敌方干扰时，己方必然会采取一系列反干扰措施，以摆脱干扰，如改频以规避干扰、加大发射功率以抵抗干扰、组网工作以分解干扰等。这些都是"抗"，却没有一种行动能够对敌方干扰实施直接有效的削弱和破坏，也就是没有"反击"或"还击"。这些也都是作用于己，而未作用于敌的行动。与其因为防范敌之进攻，而将其视为作战，还不如因为敌之干扰造成原有的通信、探测困难，而努力克服困难，将其视为更困难条件下的保障。

从以整体作战行动上看，由于敌方的电子进攻行动给己方的通信、雷达等电磁信息活动带来巨大困难，甚至会影响作战指挥的稳定性、作战行动的有效性、作战进程的发展和作战结果的成败，那么组织相应的兵力火力打掉敌人的干扰源，甚至用己方的电子干扰削弱敌电子战行动的指挥、通信、战场电磁态势感知，则无可置疑地属于作战行动。这种行动是积极的进攻，以削弱敌方电子进攻能力或电子进攻的组织能力为目标，是"反击"和"还击"，但却不是由通信、雷达等力量完成的。在此类行动中，通信和雷达起的作用，仍然与在通常行动中起的作用一样，还是作战保障作用。

二、进攻与防御

"进攻"和"防御"是军事术语中关于"作战类型"的基本区分。"进攻"中有"防御"，"防御"中有"进攻"，在作战过程中，都是行动主体使用手中武器对对方实施攻击性破坏活动。"进攻"与"防御"应当用于对作战整体性质的类型区分,以主动的姿态,积极地向对方施加压力,则为进攻;而以被动的姿态,积极地向对方施加压力,则为"防御"。"进攻"与"防御"不应当用来描述具体的作战行动。例如,"塔山阻击战"是标准的防御战,但其却是"锦州战役"这个更大的进攻战役中的一部分。在塔山阻击战中,每位担任阻击任务的部队士兵都用手中的武器打击敌人,就其具体的作战行动上看,无一例外都是攻击,其中的防护也仅限于战壕之类。因此,"进攻"与"防御"应当用于描述作战的类型,而"攻击"和"防护"则应当用于描述具体的行为和动作。

电子战中的电子干扰、电子摧毁等行动都是积极作用于敌方的行动,应当以"电子攻击"加以描述。这种攻击行动在进攻作战中当然不可或缺,在防御作战中也被大量使用。例如,防空作战是典型的防御作战,但在防空作战中运用电子干扰,破坏敌方机载雷达、弹载雷达,扰乱敌空袭组织行动,都是电子攻击行动。同时,防空导弹的制导雷达为防止或摆脱敌方的干扰,也必然采取各种反干扰、反侦察、反摧毁的行动,这种行动以"电子防护"命名则准确无误,若以"电子防御"命名则难以与防护地面目标安全的电子干扰行动相区分,毕竟此时的电子干扰虽然还是电子攻击行动,却起着保护其他目标安全的作用,它参与的还是对空防御作战。

通信、雷达为抵御敌方电子进攻采取的行动自然属于具有防御性质的作战保障行动,与工程防护、装甲防护和卫勤保障没有本质区别,在现行军事术语体系中将其归于"电子防御"概念之中,却带来了上位概念的混淆。

因此,"电子进攻"和"电子防御"概念,应当从描述电子战具体行动中剥离出来,以"电子攻击"和"电子防护"加以表述。"电子进攻"和"电子防御"则应当在电磁信息领域的作战类型表述中加以应用。

这样就能够更加清楚地厘清"电子进攻"与"电子攻击""电子防御""电子防护"的区别和联系。

"电子进攻"可以认为是为夺取制电磁权,对交战对方的电磁信息活动,以及支持电磁信息的设备本身,组织指挥活动等综合性的进攻行动,其行动主体是各种电子攻击行动,但也包含其他的兵力火力行动。同样"电子防御"就是为抗御敌方电子进攻行动的多种抗击行动。其中包含各种电子信息系统的电子防护行动,还包括整个电磁频谱资源的分配,以及对电子信息系统的兵力和火力掩护。

至于诸如防空作战中的针对敌预警飞机、指挥通信、导航定位、轰炸瞄准、精确制导等的干扰行动,甚至包括能够直接摧毁敌精确制导弹药或空袭飞机上的电子信息系统的高能微波武器和激光武器的攻击行动,都可视为是防御作战中的电子攻击行动。这与防御作战中的反坦克导弹攻击敌装甲目标、防空导弹攻击敌空袭飞机的性质完全相同。

因此,现行电子战术语中的"电子进攻"和"电子防御"实质上是用"作战类型"的术语描述作战行动的性质,自然容易混淆。而真正的电磁领域的攻防作战类型——"电子进攻"和"电子防御",却是在电磁信息活动已经占据战场信息活动的绝对支配地位,电磁态势的消长已经左右战场整体态势的演变,在战争形态进入信息化时代,以电子战为主的战役阶段明显出现,甚至电子战战役也有可能产生之时,才会出现。

在这样的作战形态中,电子进攻的目标就不是敌方各种电子信息系统和电磁信息活动的简单累加,而是敌方基于电磁活动信息控制能力的整体。同样,电子防御的目的也就不是各电子信息系统的使用者、电磁信息活动的执行者各自防护行动的总和,而是己方在电磁空间内对电磁信息活动主动权的掌握和发挥。

此时,电磁频谱管控也就不仅仅是对己方电磁活动的资源分配和行为规范,而是电磁态势建立的前提,是影响己方电磁活动稳定性的基础因素。同时,还对己方电子攻击行动的组织实施、电子进攻的发展、电子防御的巩固产生较大的影响。

在全面的、整体性的电磁信息活动主动权争夺中,己方各种电子信息系统和电磁信息活动既是参与斗争的重要组成部分,也是争夺优势斗争的最终归宿。因此,作为作战保障的各种电磁信息活动的地位和作用,绝不是所谓的"保障"定义本身所反映的,而是由其对作战行动的支撑、对战场态势的掌控、对实现战争目标起的作用所决定的。争夺制电磁权的最佳结果就是己方能够自主、安全、稳定地开展电磁信息活动,进而以较小的代价支撑作战目标顺利实现。

各种电磁信息活动还因其信息活动的内容作用区分为整体性和分立性的电磁信息活动,其对各种作战行动的支撑力度和作用也不尽相同。因此,电磁信息活动的组织实施则不仅需要服从电磁频谱管控的指导,还必须在作战部门的统一筹划和组织下有序展开。

在整个对抗过程中,电子战是其中最为活跃的因素。首先,电子战是剥夺敌方电磁信息活动能力的核心手段,却也对己方电磁信息活动能力的发挥带来一定程度的影响和制约,同时,还给电磁频谱管控增添了众多困难。在电子战行动过程中,其针对性的破坏作用,实质上也会在开放的电磁空间中制造更加复杂的电磁环境。然而,传统的电子战,以"软杀伤"为主要攻击形式,具有显著的暂时性,一旦停止干扰,敌方的电磁信息活动能力就能够迅速恢复。在较长的时间内保持有效的干扰压制，势必会占用有限的电磁频谱资源，同时，也使自己毫无遮拦地暴露在电磁空间中，极易招致敌方的综合打击。在电磁空间的斗争中，一方若没有（或丧失）电子攻击能力，就无法组织有效进攻，也就陷于完全被动挨打的境地。

因此，电子攻击行动的组织实施，必须有机地融入争夺制电磁权的联合作战中去。以夺取制电磁权为目的的电子进攻行动，绝不是多种电子攻击行动的综合，还必须融合其他兵力火力行动。其中，具备对敌直接破坏作用的作战行为是构成电子进攻力量的主体，各种电磁信息活动则起到辅助作用，但却是形成电子进攻合力的纽带。这就要求作战部门在统一筹划下，针对敌方电磁信息活动的特点、规律，尤其是构建一体化作战体系的电子信息系统的结构组成和电磁信息活动的关系，充分发挥电子攻击、火力打击、兵力突击的优势，组织高效、严密、稳定的电磁信息活动加以支撑，才能有效达成电子进攻的目的。

由电子战上升到网电战后，此类问题也同样存在。对于电子防护行动，网电防护行动特指网电信息系统使用者在开展网电信息活动时，为确保系统效能的正常发挥，保证网电信息活动安全稳定，将敌方破坏行动的危害降低到可以忍受的程度，直至消除不利影响。由此可见，网电防护与电子防护或网络防护类似，都是应对敌方威胁，利用技术和战术手段对自身信息活动效能的保护，而不是对敌方威胁的"抗击"，或者说有"抗"无"击"。因此，若是就广义的"战"而言，电子防护、网络防护，以及电子侦察、网络获情等都可以归于相应的电子战、网络战范畴，而就"作战"而言，则不能将只"抗"不"击"的单纯防护行动归于其中，网电战仅是指相应的"攻击"和"抗击"行动。相对比较宽泛的概念就是"网电战"，泛指一切在网电空间内展开的，以网络或电磁技术为主要手段，围绕网络或电磁信息活动展开的激烈对抗行动。

人们必须认识到，在进攻中必然有防御，在组织电子进攻时，也必须筹划组织好电子防御。相对电子进攻的组织实施，电子防御的组织实施更加困难。一方面，构成电子防御的主要内容是各电子信息系统及其电磁信息活动的电子防护行动；另一方面，电磁空间又是一个既开放又具有整体性的空间，各种电子防护行动和需要保护的电磁信息活动，以及致力于对抗斗争的电子攻击行动都天然地存在各种联系。易攻难守的自然特性是电子防御作战面临的最大难题。我亦是，敌亦是。对此，己方首先需要在电磁频谱管控的综合筹划组织活动中，针对敌方电磁威胁明确攻守的重点和方向，合理筹划好电磁频谱资源的分配。总体上，应确保核心用频需要，优先保障主要作战行动电磁信息活动用频，充分保障电子攻击用频的灵活性、紧迫性。这样才能建立起攻守有度的电磁斗争态势。然后，各电子信息系统及其电磁信息活动，必须在依靠自身的装备技术性能、操作使用技能和战法运用的综合作用下，争取形成富有弹性的、稳定的电磁态势。这也就是所谓"电磁频谱作战"的核心要义。

三、对抗侦察与情报侦察

然而，网电空间斗争领域存在着两种侦察行动：一是网电对抗侦察行动，二是网电情报侦察行动。它们是否属于网电战行动，一直存在不同的认识。这类问题也一直伴随电子战和网络战的发展历程。

根据对"作战"一词的讨论，可以确定"是否作用于敌"是区分作战力量、作战行动与作战保障力量和作战保障行动的标准。这个标准是从抽象的、整体的概念认识层面得出的，通常并不会引起歧义，并且在集团化、综合化的作战力量中并存共建。例如，集团军编制内都有相应的修理所、医院卫勤力量等，这些保障力量虽然隶属于作战力量，但其保障性质和作用毋庸置疑，也不会影响集团军的作战地位和对集团军的建设投入。

然而，当脱离具体的力量实体，从业务功能上分析时，作战与保障之间则存在较大分歧。网电战定义却正是从业务功能上对一种行动的界定，并与多个相关业务紧密关联，需要就其业务功能属性做进一步明确。

网电情报侦察，是利用网电侦察技术和手段，通过网电空间，获取敌方各种情报信息的侦察活动。此类行动以获取情报为核心目标，其情报内容涉及战争的各方面，与传统的情报行动相比，只是获取情报的手段和途径不同。这与无线电侦听和蒋干盗书的差别类似。这些不应当纳入业务功能上作战定义的范畴。正如一名优秀的情报人员本身可能具备非常优异的特种作战能力，但不能将其情报行动列为特种作战行动一样。

网电对抗侦察，则是围绕网电信息攻防行动而开展的针对敌方网络结构和信息活动特点规律的侦察行动。此类行动直接为网电攻防行动服务，是正确有效的网电信息攻防行动的前提和保障，由于网电攻防行动的有机组成部分融入了攻防行动之中，所以不必单独列出，进而人们可能对这两个概念产生认识和理解上的困扰。例如，所有防空导弹在实施防空作战行动时，都需要使用火控雷达搜索、跟踪、发现、制导，这一系列的雷达探测与跟踪行动，与专业雷达部队相比，从技术原理到操作运用上并无本质的区别，但专业的雷达部队遂行的是整体空情保障行动，而防空导弹部队的火控制导雷达分队遂行的则是防空作战的目标引导行动，是具体防空作战行动的一个环节。从业务功能上看，火控雷达仍然是作战保障属性，只是与作战行动结合太紧而没有必要将其单独分离出来。正如，用步枪射击时，还需要射手搜索、发现并瞄准目标一样。

然而，网电情报侦察和网电对抗侦察也存在十分紧密的联系。平时和战时的网电情报侦察就是网电对抗侦察的基础和前提。战时的网电对抗侦察往往就是由平时的网电情报侦察部队来承担的。同时，网电攻防行动本身也需要得到更大范围和更多内容的情报支持。因此，在网电空间斗争领域中，网电情报侦察无疑占有极为重要的地位和作用，是网电战的重要组成部分和关键支撑，也是网电对抗侦察的前提和基础。网电对抗侦察是网电战的有机组成部分和关键环节，可以由专门的力量承担任务，也可以由网电攻防力量自行担负并遂行任务，通常需要专职的对抗侦察力量承担整体的态势分析和目标分配任务，由网电攻防力量担负具体的目标识别和引导任务。

四、赛博空间

首创 cyberspace 一词的是科幻小说作家威廉·吉布森（William Gibson）。他在 1981 年写的小说 *Burning Chrome*（译为《整垮珂萝米》或《燃烧的铬》）中首次使用 cyberspace 一词，表示由计算机创建的虚拟信息空间。该词随着他 1984 年出版的小说 *Neuromancer*（译为《神经漫游者》或《神经异魔》）迅速风靡世界。威廉·吉布森承认，创造 cyberspace 一词时受到了 cybernetics 的启发。cybernetics 一词源自美籍奥地利数学家维纳（Wiener）出版的一本书的书名。1948 年，维纳出版的《控制论：或关于在动物与机器中控制和通信的科学》(*Cybernetics: or Control and Communication in the Animal and the Machine*) 一书，首先使用了以词根 cyber 为字头的英文 cybernetics（控制论）一词。1954 年，钱学森在纽约出版了英文版《工程控制论》(*Engineering Cybernetics*)，也使用了 cybernetics 一词。

cyber 这一词根还可追溯更远。它源自希腊文 κνβερνητης（掌舵，调节之意）。拉丁文将其音译为 kubernetes。κνβερνητηξ 一词是希腊哲学家柏拉图（前 427—347 年）在《法律学》中"研究自治"首先使用的，表示人民统治。早期，英文将其音译为 gubernator（美国的州长，中国清朝各省巡抚的英译单词），俄文将其音译为губернатор（俄罗斯的省长，中国清朝各省巡抚的俄译单词）均源自希腊单词 κνβερνητηξ。英文 governor（统治者）和 government（政府）的字头 govern 均来自 13 世纪古法文 governeor，而古法文 governeor 来自拉丁文 gubernare，后者来自希腊文 kybernan。1834 年，著名的法国物理学家安培（1775—1836 年）写了一篇论述科学哲理的文章，他进行科学分类时，把管理国家的科学称为"控制论"，他把希腊文 κνβερνητηξ 译成法文"cybernetigue"（控制论）。"控制论"这一词语被编入 19 世纪许多著名词典中，有些人将 cyberspace 理解为"控制空间"或"控域"不无道理。

值得注意的是，随着时间的流逝，以 cyber 为词根的各种单词的词意发生了微妙变化。维纳出版《控制论》时，还有个副书名，即"关于动物和机器中控制和通信的科学"，可是在中文里，将主书名中的 cybernetics 和副书名中的 control 都译为"控制"。实际上，cybernetic 强调在人机一体的反馈控制中离不开通信，cyber 在这里具有控制、通信的双重意义。

威廉·吉布森在 cyberspace 中对 cyber 又赋予了新的内容：信息，即电脑爱好者在游戏机前体验的交感幻觉（consensual hallucination）。威廉·吉布森是美国人，后来移居加拿大。作为一名自由职业者，20 世纪 80 年代初的一天，他在温哥华大街上闲逛，看到一群年轻人坐在电子游戏机前面，为追求感官的刺激，全神贯注地盯着屏幕上的图像，沉浸在虚拟画面中，好像处于屏幕中的另一个世界一样。威廉·吉布森设想：如果将这个世界与人脑的神经元直接连在一起，将会怎样？于是他在小说主人公的头脑中植入了电极，使其能在这个梦幻世界中遨游。这个世界是一个巨大的三维数据库，每个数据就像街道两旁的灯火一样，一闪一灭，渐行渐远。威廉·吉布森称这个由计算机构成的虚拟世界为 cyberspace。《神经漫游者》出版后，先后获得三个科幻文学大奖。此后，cyberspace 一词随之家喻户晓。

但威廉·吉布森本人不懂计算机，他的小说是在老式打字机上写成的。在 20 世纪 80 年代初还没有网吧，计算机网络远没有今天这样普及，当时 cyberspace 与计算机网络还没有发生直接关联。大约到了 21 世纪初，cyberspace 才被人们赋予更多的计算机网络内涵，或者说网络空间已成为 cyberspace 重点考虑的对象。在许多不同场合下，cyberspace 可简称为 cyber。例如，美军于 2010 年 5 月 21 日正式成立的赛博司令部（Cyber Command），其使命任务主要是保卫美国军用计算机网络，以防遭到 cyber 攻击。显然，威廉·吉布森定义的 cyberspace 不足以描绘 21 世纪作战环境的需要。

自 2004 年以来，美国政府先后推出四种不同的官方定义。这些定义的基本思路相同，但侧重点略有区别。连美国人自己都承认，跟踪 cyberspace 定义是一项专职性工作。例如，2001 年年初美国防部的"官方词典"——联合出版物 JP1-02 将 cyberspace 定义为数字化信息在计算机网络中通信时的一种抽象（notional）环境。这个定义虽很简洁，但有一定的模糊性。

2003 年 2 月，布什发布了《保卫 cyberspace 的国家安全战略》，将 cyberspace 比喻为"国家中枢神经系统"，它由成千上万的计算机、服务器、路由器、交换机用光纤互联在一起，支持关键的基础设施运行。这个定义除具体地列举了空间组成外，还指出计算机网络在国家、社会、政治、经济、军事上具有举足轻重的地位作用。

2006 年 12 月，美参联会主席签署了《cyberspace 行动的国家军事战略》，并将 cyberspace 定义为"域"（domain），其特征是：使用电子技术和电磁频谱存储、修改和交换信息，并通过网络化的信息系统和物理基础设施达此目的。该定义重在强调支撑 cyberspace 的两大技术基础，即电子技术和电磁频谱。

2008 年 1 月，布什下台前夕，签署了两份有关赛博安全（cyber security）的文件，其中对 cyberspace 的定义是：由众多相互依存的基础设施网络组成，包括因特网、电信网、计算机系统和用于关键工业部门的嵌入式处理器、控制器。这个定义首次明确指出 cyberspace 的范围不限于因特网或计算机网络，还包括各种军事网络和工业网络。

2008 年 5 月，美国防部常务副部长戈登签署了一份备忘录，对 cyberspace 上述定义做了一些修正，删去了"关键工业部门"等字样，认为 cyberspace 是全球信息环境中的一个领域，它由众多相互依存的信息技术（IT）基础设施网络组成，包括因特网、电信网、计算机网和嵌入式处理器、控制器。该定义由 28 个英文单词组成，是众多定义中引用较多、影响较突出的一个，简称"28 字定义"。备忘录还建议在未得到进一步通知之前，军方沿用这一定义。这或许是一个明确的声明，因为考虑信息领域快速演变的特点，cyberspace 的定义有可能被进一步修订。

2009 年 4 月，美国防大学根据美国防部负责政策的副部长指示，组织专家学者编写出版了一本书，名为《cyberpower 和国家安全》，书中对 cyberspace 的定义做了全面的解读：①它是一个可运作的（operational）空间领域，虽然是人造的，但不是某个组织或个人所能控制的，在这个空间中有全人类的宝贵战略资源，不仅仅用于作战，还可用于政治、经济、外交等活动，如在这个空间中虽然没有一枚硬币流动，但每天都有成千上万美元的交易；②与陆、海、空、天等物理空间相比，人类依赖电子技术和电磁频谱等手段才能进入 cyberspace，才能更好地开发和利用该空间资源，正如人类需要借助车、船、飞机、飞船才能进入陆、海、空、天空间一样；③开发 cyberspace 的目的是创建、存储、修改、交换和利用信息，cyberspace 中如果没有信息的流通，就像电网中没有电流、公路网中没有汽车一样，虽然信息的流动是不可见的，但信息交换的效果是不言自明的；④构建 cyberspace 的物质基础是网络化的、基于信息通信技术（ICT）的基础设施，包括联网的各种信息系统和信息设备，所以网络化是 cyberspace 的基本特征和必要前提。

自从 cyberspace 一词在英语世界广为流传后，我国出现了多种译名，如计算机空间、电脑空间、电脑化空间、电子空间、控制空间、控域、电控空间、数字空间、数码空间、位元空间、信息空间、认知空间、网络信息空间、虚拟现实空间、假想现实空间、第五空间、异度时空、网络电磁空间、网电空间、网络空间、网络时空、网络虚拟空间、网际空间、网域空间、互联网空间、电子网络空间、赛博空间、赛伯空间、思博空间等。在这众多译法中，多数学者赞成将 space 译为"空间"，但对 cyber 词的理解则大相径庭，除少数学者采用音译外，绝大多数学者则采用意译，主要分歧在于如何用中文表述 cyber 的含义。多年来，许多学者为此冥思苦想、搜肠刮肚，最终发现很难找到一个恰当的中文单词来概括 cyber 的内涵，似乎用电脑、网络、电子、信息、控制、虚拟中任何一个都不够全面，如果新创一个词汇，恐更难为广大读者所接受，于是有人主张干脆将 cyber 译为"赛博"，至于"赛博"的确切含义，可以仁者见仁，智者见智。

网电空间或网络电磁空间的译名，更加强调 cyberspace 包括电磁空间和网络空间，以便将美军的第五个作战空间 cyberspace 和我国的陆、海、空、天、电五位一体中的第五个空间相对应。但 cyber 本意并不强调电子战或电子对抗。前者重视的是信息表示的内容，后者重视的是承载信息的媒介。美军除强调要把信息作战（IO）的五种手段（包括电子战、计算机网络战）与信息作战空间区分开来外，还强调计算机网络战和电子战是两种不同的信息作战手段，不能混为一谈。实际上，我军的联合作战理念也在发生变化，有人提出"陆海空天网电"一体化，将网络空间视为新的一维空间。总之，我们不能用中文的概念去框定英文的原意，用我们的思维习惯来揣摩外国人的思路。而应当立足信息在战争中的作用发挥及其活动形式的演变，结合当前军事技术，尤其是电磁技术、电子计算机技术和网络技术的发展应用，主动积极地探索新时期战争信息活动的本质特点和规律。

为便于统一描述，本书凡涉及美军 cyberspace 的中文描述，都统一使用"网电空间"一词与之对应。

网电时代上演鹰熊暗战

白头鹰领飞网电空间

随着网电空间军事化的趋势越来越明显，美国将网络威胁确定为第一号战略威胁。近年来，美军为确保美国网电空间安全，抢夺网电空间优势，密集出台了一系列政策措施，明确了网电空间力量建设目标，调整了网电战的指挥体制，组建了专业的网电部队，并频繁组织网络攻防演习，对其他国家网电空间安全构成巨大威胁。深化对美军网电战指导理论的研究，分析美军网电战理论创新成果、网电战法规核心思想，可以起到有益的借鉴作用。

一、美军网电战指导理论综述

（一）从顶层战略层面，统筹网电空间力量建设目标

美国是网络技术的发源地，也是最早认识到要从国家战略层面确保信息/网络基础设施安全的国家。从 1998 年，时任美国总统克林顿签发《关键

基础设施保护》总统令，首次明确网络安全战略的概念、意义和长期短期目标以来，美国不断强化国家安全严重依赖信息/网络基础设施的认识，发布多部网电空间政策文件，统筹发展网电空间力量。在建设过程中，由于其早期顶层规划的战略指向不明确，导致责权分割不清、系统建设无序、资源缺乏共享等诸多问题。2015 年 4 月 23 日，美国国防部发布了《网电空间战略》（以下简称《战略》）。《战略》是对 2011 年 7 月《国防部网电空间行动战略》的修订，是统筹 2015—2020 年美国网电空间领域全面发展的纲领性文件。《战略》从作战力量、军用信息网络安全、国家关键基础设施安全、同盟构建等五个方面，提出了美军网电空间发展的五大战略目标：组建网络战力量、保护国防部信息网络安全、保护国家关键基础设施、整合网电空间作战（cyberspace operation）需求、构建网电空间国际联盟。《战略》的出台，标志着美军网电空间力量建设、装备技术发展思路发生重大转变，明确把中国、俄罗斯、朝鲜和伊朗作为网电空间主要作战对手，统一制定国防部网电空间安全体系架构，整合国防部网电空间系统平台，实现网电空间作战能力建设由防御型向进攻型转变。

（二）从联合作战层面，提升网电战能力整合力度

随着网电战力量的发展，尤其是"9·11"事件之后，美军逐步调整以反恐战略情报监控和网络防御为主要任务的网电战模式，开始探索网电力量运用的新模式，让网电战力量在未来联合作战中发挥更重要、甚至是主导的作用。2017 年 8 月，美国赛博司令部正式升级为一级联合作战司令部，这是美军网电空间领域的重大事件，标志着美军在网电战方向的重大突破。其主要目的在于探索建立综合的网电战力量体系，整合 ISR 信号情报、电子战、国防部网络运行维护、计算机网络防御、太空作战、网络攻防六大

业务领域，形成现有军种体制之下的新型网络力量；同时，通过对网电战指挥控制框架的不断探索，探索网电空间作战、支援联合作战和网络防御任务"三链合一"的网电战指挥控制模式，整合网络 ISR、网络战场环境准备、网络防御、网络攻击四种网络活动，完善网电空间作战能力体系，逐步实现与联合作战跨域集成，进而提升联合作战能力的目标。

（三）从军种需求层面，强化战场网络与电磁融合行动

当前，美国国防部、各军种已逐步就网络与电磁融合这一趋势达成共识，提出了依托传统武器平台，如 EC-130H、F-22、F-35、EA-18G、濒海战斗舰等，实施"近战接入、无线召唤（Radio Recall and Reach Back，R3）、远程操控"的网电战基本样式。该作战样式既充分发挥网电战对战场的控制作用，又实现了与传统作战平台的紧密结合。为进一步强化战场网络与电磁行动的有效融合，各军种结合自身作战需求，在国防部 2014 年发布的《赛博电磁行动》基础上，制定了各自的条令条例。美国陆军司令部于 2014 年 2 月发布的 FM3-38《赛博电磁行动》（Cyberspace Electromagnetic Activities）为美国陆军实施赛博电磁行动提供了全局性的理论指导与指南；2014 年，美国海军在"赛博与电磁环境"的基础上，进一步提出"电磁机动战"的发展战略。

（四）从力量运用层面，巩固电磁频谱领域的传统优势

近年来，随着世界各国电子战力量的快速发展，美军格外关注对手的"射频拒止"能力，并将其作为区域拒止的关键，认为该能力对其力量运用构成巨大威胁。因此，不断强调电磁频谱安全是国家安全的重要组成部分。一方面，美军为避免国防预算削减影响电子战力量发展，进一步巩固电磁

频谱领域的优势,从政策措施、条令条例等多方面入手,强化和完善电子战力量建设。2014 年,美军出台《电磁频谱战略》和《电子战政策》,从顶层指导协调美军电子战力量建设和装备技术发展。与此同时,美国陆军、海军、空军也各自相继制定电子战建设规划,以适应新的作战需求。2015年,美国防部成立电子战项目委员会,专门负责制定整合国防部电子战政策和电子战发展战略,指导下一步美军电子战力量建设。另一方面,美军加紧新技术的研发和作战演练,实现武器平台在强干扰条件下的可靠运用,提升其在"射频拒止"环境中的作战能力。

二、美军网电战理论的特点

从目前美军颁布的网电空间战略、网电战条令看,美军非常重视战略政策和法规制度的引领作用,但究竟如何发展网电战力量,如何处理网电空间作战与联合作战的关系,美军同样也在探索之中。当前,其网电战指导理论特点主要体现在以下几个方面。

(一)网电空间战略逐步清晰,突出网络威慑、网络进攻和同盟构建

近年来,美军非常重视制定网电空间战略政策,从国防部顶层更新完善网电空间战略政策后,各军种相继发布了代表其军种网电空间发展的战略政策,进一步明确了美军高层对网电空间发展战略的指向,即突出强调网电空间威慑的常态运用、网电空间进攻能力的重点建设、网电空间安全国际同盟力量的主导构建。

一是网电空间威慑战略是美军网电空间战略的关键部分。美军非常重视网电空间威慑战略的运用。从国家战略层面看,也可将其视为美国国家战略,即第三次"抵消战略"战略的重要组成部分之一。美国充分利用其网络信息技术优势，探索和开发新的作战概念，一方面向对手传递"与美网电对抗策略不可行"的信息，另一方面又诱导或逼迫对手，投入庞大资源，发展网电战能力，达到其利用现有战略资源，以创新的方式应对威胁，实现战略效能最大化，实现"拒止性"威慑的目的。

二是网电空间进攻能力发展战略是美军网电空间战略的核心内容。进攻能力是美军网电空间战略指向中能力建设的重中之重，在新战略中，美军强调必须拥有多种网电空间进攻手段，从而确保其在各阶段中能够运用这些手段去控制冲突升级、塑造冲突环境，并公开宣称要具备破坏对手网络系统、关键军事设施和武器装备的能力，以及提供一体化网电空间的能力。当前，美国已经充分认识到网电战的战略价值，认为其一方面可以执行战役和战术攻击任务，破坏敌方军事行动所依赖的网络和信息系统；另一方面还可展示威慑态势，如显示对敌方信息基础设施的毁灭性攻击能力，慑止敌方的相关网电战行动。

三是主导网电空间安全国际同盟力量的构建是美军网电空间战略的重要企图。鉴于网电空间的互联互通性，维护网电空间的共同安全是世界各国的普通共识，而美军在这方面的认识则更进一步。美军认为，在现代安全局势下，在网电空间安全上实施联盟作战是政治上易被接受、经济上最可持续的方法。因此，美军在其新战略中，强调要在关键地区建立强大的同盟体系和伙伴关系，"优先"合作对象包括中东地区、亚太地区和欧洲，通过积极拉拢盟国打造国际网电空间同盟、牵头制定国际网电空间安全政策法规等措施，主导建立国际网电空间安全体系并掌握话语权，从而在网电空间实现美国"霸权"的战略企图。

（二）网电战条令密集颁布，规范核心概念、作战任务和运用方式

近几年，在美国网电空间战略不断修订的背景下，美军网电空间作战、电子战条令更新很快，尤其是在网电战领域，即使理论并未成熟，很多技术也还在研发探索过程中，但指导性文件和相关条令已经印发。美军于 2011 年颁布《国防部网电空间作战行动战略》，美空军于 2010 年、美国防部于 2012 年、美陆军于 2014 年相继出台了 AFDD 3-12《网电空间作战》、JP 3-12《联合网电空间作战》、FM 3-38《网络电磁行动》等条令，内容各有差异，但都突出强调了对于网电空间作战概念的界定及对网电空间作战行动的指导。《网电空间作战》条令在确立空军对有关网电空间作战的基本术语和概念定义的基础上，阐述了网电空间作战力量的指挥、控制和组织，描述了空军如何设计、规划、执行和评估网电空间作战；《联合网电空间作战》在阐述网电空间、网电空间作战等概念的基础上，讨论了如何利用网电空间进行军事行动，解释了联合参谋部、作战司令部、美军战略司令部、美军网络司令部、职能和军种构成部队的关系和责任，为网电空间的力量和能力运用建立了基本的结构和指南；《网络电磁行动》在描述陆军对网络电磁行动概念定义的基础上，重在为陆军指挥官与参谋人员提供在计划编制、综合集成和协同实施网络电磁行动时采用的战术与程序。这些条令进一步明确了陆军、空军和联合部队对网电空间的认识，提出了实施网电空间作战行动的框架，奠定了现实操作性基础。

（三）网电战理论百家争鸣，凸显危机感、前瞻性和创新性

美军作战理论研究一向非常活跃，对于网电空间这个崭新作战域的理论研究成果更是不断推陈出新。除快速更新网电空间发展战略，密集出台网电领域条令之外，普通的网电战理论研究也有其自身的特色。

一是危机感强烈。在网电战领域，美军目前拥有领先的技术优势、最强的力量规模，但从其理论研究中可以发现大量充满危机感的论述。如"在网络这个世界里，美国是脆弱的""今天，美国对数据的保密性、可用性和完整性非常依赖，但美国的网电安全防御能力却严重不足""美军在电磁频谱领域的优势正在迅速消失"，等等。正是强烈的危机感，促使美军不断深化网电领域的研究，发展关键技术，优化力量结构，改进作战方式，引领网电战研究的潮流。

二是前瞻性布局。网电空间是一个技术竞争极强的领域，对技术的前瞻性要求非常高，每隔几年就有一次技术浪潮，如果没有提前布局，或者没有把握住机会，很可能就会在下一次浪潮中落伍。美军紧密结合自身实际，从战略政策、规则制定、技术研发、力量建设等方面，不断强化前瞻性布局，在占领技术制高点的同时，占领能力的制高点。

三是创新性发展。美军认为，网电战作为一种全新作战方式，有其独特之处，如作战环境"虚拟"化、武器装备软件化、作战能力技术化等，这些新特点给网电战力量运用、人才建设带来许多新挑战，以往其他作战域的经验不能完全适用。因此，美军不断创造新概念、新方法、新手段，促进网电战能力的提升。例如，Plan X 是由美国国防部高级研究计划局（DARPA）制订的一项远景计划，该计划旨在为网电战人员开发首套能在直观的界面上对敌方网络实施攻击的系统，使并不具备专业网络技术的普通士兵也可以实施网络攻防。

三、美军网电战核心思想

从美军近年来颁布的网电战相关政策、法规和条令，以及网电演习和军事行动来看，美军对网电战的认知，已经超越早期的认知与实践探索阶段,能够根据其面临的威胁和任务,不断推动网电战走向战场、支援联合。其核心思想可以概括为:以网电威慑为目标,通过全球布局、整体防御,网络预置、远程攻击,电磁搭桥、一体行动,军民融合、共同应对,不断提升美军网电战能力。

(一)战略威慑、维护霸权

近年来,以经济、政治、军事为目的的网络攻击呈现出规模大、方式隐蔽的特点,瞄准重要基础设施的网络攻击,成为一些国家在政治冲突、领土领海争议中赢得优势的有效手段。这使得针对重要基础设施实施大规模网络攻击的次数剧增,对国家安全造成严重影响。《网电空间战略》指出,今天的美国对数据的保密性、可能性和完整性非常依赖,而网络安全防御能力却严重不足。为有效实施威慑必须具备三种能力:一是通过政策宣示积极展现网电空间反击态度的"政策"威慑,如 2011 年发布的《网电空间国际战略》,首次提出美国将以应对其他威胁的方式应对网络攻击,有使用各种手段包括军事手段进行反击的权利,也就是说,在面对危及国家安全的网络攻击时,美国将不惜以军事力量反击;二是形成强大网络防御能力从而免受复杂网络攻击的"拒止"威慑;三是具备网络系统恢复能力从而降低对手网络攻击效能的"技术"威慑。

(二)全球布局、整体防御

鉴于美军分布于全球的军事基地和网电空间的互联互通性,美国认为,利用其国际上的同盟体系或伙伴关系,共同维护网电空间安全是政治上最易被接受,经济上最可持续的方法,同时实现在建立以美国为主导的网电空间安全框架体系过程中,掌控并削弱盟友网电空间行动的目标。自 2009

年美国在《网电空间政策评估报告》中提出"加强与国际伙伴关系"倡议以来,就不断发力,通过主导相关国家和地区发布网电空间政策,频繁举行"网电空间联盟"演习等措施,拉拢传统盟友打造国际网电空间同盟,确保其在网电空间的主导权,实现对其依托的国家信息基础设施、军种网络基础设施、国防部网络干线和联合司令部指挥控制信息系统四类目标的整体防御。

(三)网络预置、远程攻击

美军在发展网络防御能力的同时,也极为重视网络进攻能力的建设,通过利用网络漏洞,入侵敌方信息网络或传播计算机病毒,如"蠕虫""逻辑炸弹""陷阱门"等,能够实现在千里之外控制系统、破坏数据、毁坏业务或关闭重要设备的目的。2010 年 7 月,美国以伊朗核电站为目标,通过"震网"蠕虫病毒,侵入伊朗核电站工业控制软件,夺取了对一系列核心生产设备的控制权,以致该核电站启用后发生故障,大大延缓了伊朗的核计划。网络远程攻击的关键在于入侵,入侵最优的策略是预置。由于美军的网络部队脱胎但根植于其军事情报力量,因此与军事情报力量协同极为密切。目前的网络预置,主要由情报人员通过和平时期的情报行动完成。他们以斯诺登揭露出的系列项目为手段,通过情报分析采集敌方网络数据,通过软硬件供应链信息收集、人力情报手动后门预留、远程物理隔离网漏洞植入等方式,累积网络战场漏洞知识库,预先开发有针对性的网络武器,然后,通过在固定军事基地的远程作战中心或指挥控制分队,抵近构建的联通网络,远程实现网络控制或攻击。

（四）电磁搭桥、一体行动

以往人们提到网电空间安全，更多的是关注互联网或信息基础设施的网络安全，近年来，安全事故频发，武器系统的网络安全受到越来越多的重视。美国防部作战试验与鉴定办公室于 2015 年 1 月 20 日表示，接受测试的美军武器系统，几乎都存在易受网络攻击的"重大安全漏洞"。对于这些物理隔离的高威胁等级的武器系统网络是无法通过纯粹的网络手段接入的，这就需要利用电子战平台，借助电磁频谱搭建连接桥梁，实现网电攻击。"舒特"计划，就是美国空军为弥补对敌防空压制能力的不足而提出的，其核心目标是入侵敌方通信、雷达及计算机等网电系统，尤其是那些与联合防空有关的系统。"舒特"计划中 RC-135 和无人机载传感器用于侦察敌防空雷达信号，以监测敌雷达的探测效果；"高级侦察员"飞机用于战场网络端口扫描，建立网络链路。"舒特"计划的本质是以网络中心战理论为指导筹划组织电子战和战场网络战，即通过网络中心战环境来实现电子战和战场网络战资源的分配和管理，是集战场侦察、电磁攻击、网络攻击、精确打击于一体的实施综合性攻击。

（五）军民融合、共同应对

高素质网电技术人才是打赢网电战的关键，美国在建设网电空间力量的过程中，也时常受到人才不足的困扰。为此，美军不仅利用民间企业为专业部队提供网络攻击、防御和维护管理方面的技术培训，而且大量招募非军职人员，充实网电空间任务部队，提升网电战力量能力。另外，很多民用信息基础设施也是军用信息基础设施的一部分。因此，美军在网电战力量建设、能力提升上，特别注重军民融合。美军与大学、民营企业等加强彼此间的技术交流,共同研发网络防御技术、网络修复技术、网络溯源技术和网络攻击技术,通过加强技术交流,创新网电攻防技术,不断提升网电空间攻防能力。2016年4月18日开始的为期两周的"网络盾牌2016"演习,就是由国民警卫队牵头,协同美国陆军、预备役、海军陆战队组织实施的。

北极熊悄然出击

21世纪以来,随着俄罗斯国力的全面复苏,俄军在网络战与无线电电子斗争领域的投入持续增加。可以说,当前俄军已初步建立高效的网电战体系,并为下一步的发展做好整体筹划。为深入理解俄军网电战指导理论,应从网络战和无线电电子斗争两个方面展开研究。

目前,通过俄军正式文件了解其在网电战指导思想仍然十分困难,但从其国家层面公布的各种"战略""学说",特别是实施的网电战实践中可以看出其网电战指导的一些端倪。总体上,俄军网电战服从于国家政治目的和联合作战目标。它以夺取和保持网电空间优势为核心,突出网络战,强调无线电电子斗争,慑战并举,重攻严防,实施一体化联合作战。具体来讲就是以军队网电战力量为主体,辅以民间相关力量,集侦察、攻击、防御、控制行动于一体,对敌军事信息系统及国家(地区)关键业务网络实施一体攻击,同时加强己方信息系统的综合防护和严密监控,以积极、主动的攻势行动获取和保持网电空间优势,为赢得联合作战的胜利创造条件。

一、俄军网电战理论顶层设计

随着新军事变革的深入,俄罗斯高层对国家网电安全的重视程度日益提高,网电安全战略已被纳入国家安全战略。众所周知,俄罗斯自有核以来,一贯将"核遏制"置于"战略遏制"的最高优势地位,这是基于其自身实力和国际力量对比的现实选择。但是俄罗斯2014版《军事学说》中首次强调,提高"非核遏制"在"战略遏制"中的地位和作用,而网电战能力正是非核遏制能力的重要组成部分。

首先,网络战对俄军来说是一个全新的领域。2014年1月10日,俄罗斯联邦委员会(议会上院)在官方网站上公布了《俄罗斯联邦网电安全战略构想》草案(以下简称《构想》草案)。《构想》草案不仅指出未来制定《俄罗斯联邦网络安全战略》的目的、原则及行动方向,同时对一些顶层概念进行了梳理与界定。《构想》草案中指出:"信息空间"是指与形成、创建、转换、传递、使用、保存信息活动相关的、能够对个人和社会认知、信息基础设施和信息本身产生影响的领域;"信息安全"是指个人、组织和国家及其利益针对信息领域破坏和负面作用威胁的防护情况;"网电空间"是指信息空间中基于因特网和其他电子通信网络沟通渠道、保障其运行的技术基础设施,以及直接使用这些渠道和设施的任何形式人类活动(个人、组织、国家)的领域;"网电安全"则指所有能够使网电空间组成部分避免潜在威胁及其后果影响的各种条件的总和。因此,在俄军看来,"网电安全"的概念从内涵上比"信息安全"的概念范围要小。《构想》草案是俄罗斯在国家战略层面上对网络安全问题的重要阐述,其内容思想必将对俄军未来网络战指导理论产生深远影响。

其次,俄军也不断从顶层设计入手,加速无线电电子斗争理论的发展。

俄罗斯总统 2012 年 9 月 9 日批准了《俄联邦 2020 年前和以后无线电电子斗争系统发展前景政策框架》（以下简称《框架》），《框架》是构建俄罗斯无线电电子斗争系统和确定发展优先权的基本政策文件。《框架》明确指出，最近十年为了俄罗斯国家安全，完善部门间多功能无线电电子斗争系统是国家政策的目的、原则、优先方向和主要任务。即俄罗斯发展无线电电子斗争体系政策的目的是建立有效的部门间多功能无线电电子斗争体系以作为保证国家安全和国防的重要元素之一。在《框架》中明确的俄罗斯发展无线电电子斗争体系政策的优先方向包括：

（1）完善和平时期和战时对无线电电子斗争体系发展和运行的国家调控。

（2）实现无线电电子斗争体系与保证国家安全的国家体系的综合集成。

（3）沿着创新发展方向创建新一代高效能无线电电子斗争武器技术设备。

（4）进一步改善研制、生产、修理、保障和服务维护无线电电子斗争技术设备的企业、组织和科研生产基地。

（5）发展军事科研综合配套体系和无线电电子斗争领域的职业专家培训体系。

（6）扩展无线电电子斗争领域的军事技术合作，提高无线电电子斗争技术装备的出口潜能。

二、俄军网电战理论与实践特色

近年来，俄军在几次局部军事行动的牵引下，逐步发展完善网电战理论。俄罗斯 2014 版《军事学说》指出，现代军事冲突的特征之一是"对敌人实施打击时，不仅对敌人国境全纵深实施打击，而且同时在全球信息空间、空天领域、陆地与海洋实施打击。"俄军领导人认为，所有的现代战争无一例外都是从信息准备、信息斗争开始，从对侵略对象的经济与社会施加影响开始，而且，向对手国家施加信息影响是实施作战的第一步，只有网电战与传统作战火力、作战样式统一协调使用才能发挥最大作战效能，更好地实现作战目的。在俄乌冲突中，俄罗斯以网电空间为阵地，以无线电电子斗争为助力，在通信上掐断乌方系统，中断乌方指挥，在舆论上抵制负面消息，喧声夺势，在网络上瘫敌网站，制造恐慌，有效地配合了特种部队的正面进攻，促成俄方快速夺取决定性胜利。

实战中的俄军网电战存在几个特点：

（一）加强平时情报收集

俄军认为，预先而全面准备是实施信息斗争的基本原则之一。这个原则源自战争的基本规律和信息斗争的一系列合理性，反映了信息斗争的进程和结局与敌对双方在物质、精神和作战能力方面对比的关系。俄罗斯强调平时的网电空间行动要保持高度警惕，以战时的标准和要求展开各种网电活动。此外，要充分利用平时网电战演训机会，从严锤炼队伍，提高网电战实战能力，确保战时能够应对各种情况。同时注重收集潜在对手的网电信息设备的相关参数，为实战行动提供参考与准备。

（二）强调行动隐蔽突然

俄军在网电战中，特别是无线电电子斗争中更加强调行动的快速性和突然性。力求运用敌人预想不到的作战方式、作战手段对其实施信息进攻，打敌措手不及，使敌难以在较短的时间内组织有效的对抗。充分利用无线电电子斗争、网络战手段和远程火力打击的隐蔽突然、受时空条件限制小等特点，出其不意地发起信息攻击行动，对敌实施"非对称、非接触、非正规"作战，迅速破坏、瘫痪其信息系统，降低其信息化作战能力，就能为整体作战创造良好条件。这在俄对格鲁吉亚和爱沙尼亚的军事行动中表现明显。

（三）目标明确、贯穿全程

在俄格冲突中，俄罗斯对格鲁吉亚的网络攻击，目标主要集中在民用交通、通信、金融系统和新闻媒体这些和人民生活密切相关的信息基础设施上。

在俄格冲突开始前，俄罗斯就向格鲁吉亚的政府网络发动大规模攻击，来自各方的信息数据和访问均指向格鲁吉亚政府网站，短时间的超负荷访问使格鲁吉亚政府网站瞬间瘫痪。格总统萨卡什维利的网页因被多重 DDOS 攻击而瘫痪 24 小时。冲突发生后，网络进攻的规模进一步扩大，格鲁吉亚国家金融、交通和新闻媒体网站均遭到严重的网络攻击。

俄军在进入南奥塞梯后，发动了更大规模的网络攻击，格鲁吉亚的交通、通信、媒体和银行网站均遭到袭击，政府网站全面瘫痪。在国家银行的网页上，格总统萨卡什维利的照片和希特勒等独裁者的照片挂在了一起。格鲁吉亚几乎无法向外界发布有效信息，其外交部只好把新闻发布在 Google 下的一个公共博客页面上。

据统计，俄罗斯和格鲁吉亚从开战到冲突结束，发生了三轮网络进攻，分别是战争爆发前的"预演"、火力打击时的"全攻"和格方黑客的"还击"。

三、俄军网电战非对称策略

俄罗斯一直将美国与北约作为其网电战的主要对手,虽然在军事理论上紧密跟踪美军的新动向,但在自身发展中又不完全学习和模仿西方之路,而是自成一格,形成其非对称作战理论。《俄联邦 2020 年前无线电电子斗争体系的发展远景》指出,重复外国在研制未来武器上的实践是低效率的,将导致目前对抗系统发展水平上的脱节程度进一步加剧。俄新版《军事学说》指出,为保证国家和军事安全,对抗西方在信息及意识形态领域的进攻渗透,俄罗斯将密切跟踪信息和网电技术的发展,采取具体措施,不断完善、升级国家和军事信息基础设施的防御体系和防护能力。与此同时,我们从另外两个方面也可看出俄罗斯突出非对称作战策略的特点。

(一)寻求国际协作与发展

首先在国际合作中起主导作用的是制定共同措施规范信息武器的推广和运用。俄罗斯在网电战方面的主要战略思想是限制、预防网电冲突,阻止在网电空间领域展开军备竞赛,并在联合国等国际组织框架内拟定一份具有国际性的法律。同时,在针对网电安全领域的军事政治威胁、网络犯罪和恐怖主义方面都实行国际合作。俄罗斯认为,只有在国际社会建立一个互信的国际信息安全系统,才能够有效地防止在信息安全上的威胁。事实上,上海合作组织和独联体集体安全条约组织已经开始在区域内验证共同的信息安全系统。俄罗斯宣称,俄并不寻求主动同他国打一场网电战。

(二)发起军地联动,组织民众参与

俄罗斯拥有大量黑客、软件精英和许多著名的高技术公司,一旦需要,可迅速组成一支网络大军,打一场网电空间上的"人民战争",其威力在多

场局部战争和武装冲突中已经充分展示。俄罗斯的民间黑客在世界上具有极高的"声誉",其在互联网系统入侵、网站攻击、数据窃取等方面能力强大。在战时,俄罗斯将民间黑客纳入动员力量,广泛征集个人计算机充当攻击武器,民间黑客成为网络战的主力。2008年8月,在俄罗斯和格鲁吉亚发生武装冲突的几个小时后,数千名俄罗斯黑客的计算机,以及数百台位于其他国家的僵尸计算机参与了对格鲁吉亚网站的攻击,体现出很高的网络攻击水平。同时,在网电空间防御方面,《构想》草案明确了个人、公司、政府的责任,实施全民防御。

后发未必不可先至

与美俄相比,各国网电战能力都存在一定的差距。产生差距的原因固然来自技术基础、经济实力、发展时间等客观情况,但在发展战略、力量结构、作战运用等方面也存在诸多令人深思之处。借鉴两强的成熟经验,时刻保有危机感,不断强化前瞻性布局,是逐步实现从跟随者向引领者转型,实现"后发制人"的重要方法和途径。

一、坚持整体规划,顶层设计,制定网电战发展战略

网电战首先是思想的较量、战略的较量。网电空间战略政策体系是网电战力量建设与运用的依据和指南。因此,我国应加紧进行顶层设计,搞好网电空间发展战略筹划。

一是把网电战作为加快战斗力生成模式转变的重要着力点和突破口,

纳入军队信息化建设总体布局，尽快研究制定符合国情的网电空间军事战略，把握国际话语权、掌握发展自主权、夺取战场控制权。

二是抓紧建立健全领导指挥体制和机制，强化对网电战的统一领导，进一步明确军队各级各部门的职能任务，理顺指挥管理关系。

三是尽快修订完善相关法规制度，制定网电战条令，并将其纳入新作战条令体系，科学确立作战基本原则，促进网电战各项建设和工作有序开展，提升我国非对称制衡能力。

四是加强相关理论和实践问题研究，规划发展思路、明确建设重点、制订具体计划，确保各项工作有实质性推进。

二、坚持全盘统筹、慑战一体，提升网电战略威慑能力

网电威慑是一种新质威慑，力求"不战而屈人之兵"。网电威慑应力图使自身的网电战实力在冲突爆发之前就起到强有力的威慑和吓阻作用。这需要我们从作战潜能、作战方法、作战指导等多方面入手准备，在合适的时候展示"肌肉"。

在未来的信息化作战中，信息化程度越高的军队对网电空间的依赖性越大，应立足攻其必救，找准对手的薄弱环节，发展撒手锏武器装备和战法。

针对网电战涉及层次高、覆盖领域宽、技术含量高、形势变化快的特点，需要联系实际，深入研究网电空间安全形势，制定统全局、管长远的战略规划，不照搬、不盲从，明确战略目标指向，加快发展非对称制衡手段，积极推进网电战力量由传统电磁领域向网电空间拓展，由战术支援为主向网电空间战役攻防、战略威慑制衡拓展，规避网电威胁，利用网电威

胁，实现"慑战一体"，不断提升网电威慑能力。

三、坚持网电融合、体系作战，增强网电攻击能力

在未来信息化战场上，网络与电磁一体化信息活动融合的趋势越来越明显。为了能更有效地破坏敌方在信息空间的自由，保障己方的信息空间自由，进行信息空间的网电一体作战是非常必要和必需的，网电融合发展是潮流，是大趋势。

技术领先是打赢网电战的基础，先进的技术、精良的设备，是网电空间安全的重要依托。从技术发展来看，网络与电磁的融合是大势所趋，应着力打造网电互补增效的力量结构，不断完善体系建设，以电子战平台为基本手段，充分利用电磁频谱，打通物理隔离限制，运用网电战系统，实施目标识别、效果评估，执行网电一体攻击任务；以云计算、大数据和人工智能等已成熟的信息技术与网络技术为支撑，不断建造和完善网电力量，塑造网电战场，促进网电战体系与联合作战体系的有机融合。通过积极的网电攻防，协同制天权、制空权、制海权的争夺，在一定时空范围内，限制、剥夺敌方并保持己方在网电空间的行动自由，为夺取战场综合控制权创造有利条件。

四、坚持军民融合、以攻助防，确保网电空间信息安全

"先为不可胜，以待敌之可胜"。网电空间安全与国家利益息息相关，网电空间中的军事竞争与国家安全密切相连。网电战特点明显：一是以软杀伤为主，可形成不对称优势；二是无形无界，平战界线模糊；三是全方位作战，"军民难分"。因此，网电空间安全是一种非传统安全，其防御以维护国家的根本利益为出发点，旨在争取和确保网电空间防御的主动性。

网电空间作为一个新型空间，与传统作战空间有着很大的不同，其中很重要的一点就是网电空间具有军民两用属性，网电技术在民用领域应用广泛，且最新的网电技术多出自民用领域，许多拥有丰富网络攻防经验的士兵往往来自民间而非军方。应充分利用民间网电技术力量优势，加强网电战部队与相关产业公司的合作交流，一方面，不断掌握新知识和新技术，另一方面，利用对方网络漏洞，提前做好预置。

当国家战略网电设施和军事信息系统面临强敌极大的威胁时，除积极做好被动防御措施外，还应贯彻积极防御战略思想，以攻势行动支援网电空间防御，维护网电空间安全。网电空间的以攻助防，在自主严防、体系联防的基础上，以攻势行动抗击和慑止敌网电进攻，确保网电信息系统效能的发挥。

一要组织专门力量，对网电空间可能发生的安全危机建立应急响应机制，对可能发生的安全危机分类、分级制订相应的响应预案。

二要以安全危机预测、预警、战备为重点，防范网电空间的安全危机，提高先兆信息的研判能力。

三要积极储备相关人才队伍和技术、装备力量，确保安全危机发生后能够积极影响危机，形成主动状态。开展网电安全领域的科学研究工作，采取全面系统的措施保障网电空间安全，构建和完善网电空间安全行为和安全使用网电空间信息服务的文化。

看透制胜机理，戳穿网电"西洋镜"

中央军委主席习近平指出，现代战争确实发生了深刻变化。这些变化看上去眼花缭乱，但背后是有规律可循的，根本的是战争的制胜机理变了。我们要透过现象看本质，把现代战争的制胜机理搞透，否则只能看"西洋镜"，而不得要领。

网电战是信息战在当前信息化发展过程中的阶段性主体形式。网电战制胜机理也必然是信息战制胜机理的继承，同时也应当具备其在当前信息化发展过程中的时代性表现。也就是说，网电战制胜机理必须包含信息战制胜机理的普遍性、稳定性的内涵，也需要突出信息化发展的时代特色，即网电战特色。

网电战需要完成专业的仅限于网电空间的针对网电信息活动的攻防行动任务。在取得此类任务胜利的过程中，也必然蕴涵获胜的根本规律和必然途径，这是网电战在专业对抗层面的制胜机理。

网电战自身任务的达成往往并不具备十分明显或直观的军事价值和社会价值。然而，在信息化战场上，所有作战行动都需要得到来自网电空间信息活动的支持。网电战就是针对敌我双方的网电空间信息活动的安全与稳定而展开，进而通过对敌方网电空间信息活动的破坏和对己方网电空间信息活动的保护，从而起到对其他作战行动的支援作用。由于信息对各种作战行动的引导作用，这种针对敌我双方的信息攻防行动往往也就决定其他作战行动的进程和结果。因此，网电战制胜机理需要与其他相应作战行动建立起紧密的联系，这是网电战在协同行动层面的制胜机理。

同时，信息化作战的本质特征就在于交战双方的各种作战力量和各种作战行动都将在信息系统及其信息活动的连接下，形成一体化的作战体系和一体化的作战协同。网电战的制胜也将影响整个联合作战的进程和结局。网电战制胜机理也就需要向整个联合作战延伸，反映出特殊的规律和实现途径，这是网电战在联合作战层面的制胜机理。

正如军事行动都需要得到信息的引导一样，人类社会进入信息化时代时，大到国际经济文化交流、国民生计运转，小到个人生活娱乐，可以说从操控舆论社情，到调度航班车次、调控电网水网，甚至个人存款、自驾出行，无不在网电空间信息活动的支撑下正常、高效地运行。战争潜力、社会稳定、国家治理越来越依附网电空间。因此，网电战实际上首次具备了直达战争目的，实现战争目标的能力，网电战制胜机理也必然密切关联战争制胜之策，这是网电战在战争层面的制胜机理。

综上所述，研究网电战制胜机理，必须在认清网电战技术机理的基础上，按网电战专业对抗、协同行动、联合作战和战争整体四个层面分别探讨其内在的根本规律，再通过各层面制胜目标实现的过程分别细化分析其必然途径，从而得到针对特定需求的具体网电战制胜机理。然后，才能从中抽象出具有当前信息时代特色，反映网电战本质，具有共性和根本性的普遍的网电战制胜机理。两者之间是具体与普遍、特殊与一般的关系，既反映了认识事物的一般规律，也适用于改造事物的特殊要求；不仅能够揭示网电战制胜机理的本质，还能够指导具体的作战实践。

迈过技术机理门槛才能进入网电之门

一、网电战态势感知技术机理

（一）网电空间态势感知的基本技术机理

网电空间态势感知的基本技术机理是从物理设施层、电磁信号层、比特流层、数据信息层四个层面，获取网电空间的敌、我、友及其他各方特别是敌方的相关活动与信息，旨在为实施网电攻防提供目标情报保障和行动效果评估。

一是物理设施层态势感知机理，主要是对构成网电空间的物质基础物理设施层进行侦察感知。综合采用电子侦察、网络侦察等手段，并通过与其他相关情报源数据的融合分析，重点查明敌军事信息网、关键业务网、公共信息网等信息网络的类型、物理空间位置、重要节点、设备类型、物理网络结构、技术参数、安全防护薄弱环节等信息。

二是电磁信号层态势感知机理。主要是对连接网电空间的传输媒介电磁信号层进行侦察感知。综合采用电子侦察、网络侦察等手段，通过信号级数据融合分析，重点查明敌军事信息网、关键业务网、公共信息网等信息网络的信息传输通道类型、信号技术特征和通联特征、节点连接关系、网关骨干节点、无线接入点、业务流量、安全漏洞与防护薄弱环节等信息，进一步分析与确定网电信息活动的拓扑结构和军事价值。

三是比特流层态势感知机理，主要是针对在网电空间"流淌"的"0""1"数据比特流进行侦察感知。综合采用电子侦察、网络侦察等手段，对比特流进行特征提取、行为分析和数据挖掘，重点获取敌军事信息网、关键业务网、公共信息网等信息网络中传输数据帧结构、协议类型、业务类型、协议漏洞和网络逻辑拓扑等信息，进一步分析与确定信息网络的关键链路节点和可利用协议漏洞。

四是数据信息层态势感知机理，主要是针对网电空间的本质要素数据信息层进行侦察感知。综合电子侦察、网络侦察等手段，重点获取敌军事信息网、关键业务网、公共信息网等信息网络的有关数据信息，包括敌方战场通信网的应用系统软件、操作系统软件、安全管理系统软件等数据信息，以及信息网络中产生、传输、存储、运行的数据信息，进一步分析软件安全漏洞及漏洞关联性信息。

（二）网电一体态势感知的技术机理

网电一体态势感知的核心在于对网电空间中各类态势感知行动协同及态势融合。

一是态势感知行动协同。态势感知行动协同是指要将整个网电空间内物理设施层、电磁信号层、比特流层、数据信息层等各层面的态势感知行动有机协同起来，展示网电空间的态势感知效果。其技术机理是运用自适应协同理论，协调网电空间中各级各类态势感知行动。即各类态势感知行动通过共享态势信息，依据一定协同规则，及时主动调节自身行动，以达到使态势感知行动融合一体的效果。现代协同论的序参量原理认为，在任何系统中，序参量是系统从无序到有序变化发展的主导因素，它是系统通过各要素的协同作用而形成的，同时又支配各子系统的自组织行为方向。

在自组织过程中,序参量的属性同化各子系统的属性,使其沿序参量提供的运动方式协调一致地运动,并以连锁反应的方式、指数增长的速度,同化其他相关子系统,形成新的有序结构。在网电一体态势感知行动中,各态势感知行动主体的作战能力和他们之间的自协同能力是该系统的宏观序参量,有效维护这两方面的能力可使网电一体态势感知行动处于稳定、有序的状态。网电空间是当前信息化程度最高的作战空间,信息技术的快速发展和在该空间的广泛应用使维护有效协同成为可能。因此,在网电空间中,以态势感知目标为导引,通过确定合理的协同规则,可实现各级各类态势感知行动的默契度和较强的应变能力,进而达到融合一体的效果。

二是态势融合。态势融合是指对各级各类态势感知所获取的多源异构态势信息进行融合处理,以形成综合的网电态势。态势融合通常区分为数据层融合、特征层融合和决策层融合三个层次。数据层融合是以网电空间中各层各类传感器数据为基础,在传感器的原始测报层面进行数据综合与分析。其技术机理为在构建统一时空基准的基础上,综合运用假设验证、极大似然估计等方法建立多传感器数据之间的关联关系,进而对目标进行识别、分析,并获取状态信息。特征层融合是针对特定问题,提供基于数据层融合结果的相关性分析,其技术机理是运用大数据理论构建数据层融合所得目标特征之间的联系,融合形成单一特征向量,进而在云计算理论的统一架构下,采用模式识别等方法进行处理,形成基于特定问题的分析结果。决策层融合是对作战目标能力及企图的估计,即威胁判断,融合的结果将为决策提供依据。其技术机理是采取系统智能分析与人工干预相结合,且以人工干预为主的方式对上两级所得态势融合结果进行分析,并快速实施威胁判断,为指挥员决策提供依据。

二、进攻性网电战技术机理

（一）基本攻击技术机理

总体上讲，进攻性网电战主要依靠物理设施层的实体毁伤、电磁信号层的能量压制、比特流层的协议攻击、数据信息层的信息欺骗四种软硬结合的杀伤效应，达成对战网电空间的控制。

一是实体毁伤。采用高能微波、电磁脉冲等新概念武器和反辐射打击手段，瘫毁敌战场网电物理设施；利用传播特制病毒、恶意代码等方式，渗透到与网络连接的基础设施、武器平台和传感器平台等实体的控制系统，进而对物理设备进行破坏。

二是能量压制。对敌通信、指挥控制、雷达、导航、制导等系统的电磁信号，以超过对方的功率，对准对方的频率，有意识发射或转发样式耦合的电磁波信号，或实施全频段、高功率的阻塞式压制，使其不能正常工作。在作用方式方面，能量压制不仅要求干扰信号与目标信号在频率、空域上重合，更要求时间上的一致，这给战术使用带来了相当大的难度，稍有不当就严重影响效能。

三是协议攻击。协议是网络的核心部分之一，也是网络正常有序工作的基础，一旦协议运行环节受到攻击破坏，整个网络就有瘫痪的危险。协议攻击种类包括：链路层协议攻击，主要是通过攻击破坏信道接入，促使带宽和能量浪费，或者通过碰撞控制帧和数据分组，促使数据分组丢失，增加网络时延，降低吞吐量；路由层协议攻击，主要是通过路由表伪造、路由欺骗、拒绝服务攻击、路由震荡、过时路由表重放等手段，破坏网络的路由环节；传输层及上层攻击，主要是破坏数据加密认证和利用应用层的漏洞，通过注入错误或虚假信息来破坏程序的完整性。在作用方式方面，协议攻击只要求信息格式或信息规约（如编码）一致，挂接在网络上的用户随时接收符合自身规约的信息，无须时域、频域或空域的重合。

四是信息欺骗。发掘信息网络和信息系统存在的固有缺陷，以此为突破口实施攻击破坏。漏洞种类包括：硬件漏洞，主要有电磁泄漏、预置芯片、设计缺陷等；软件漏洞，主要包括在程序编写、软件安装和运行环境设置中产生的错误和缺陷，以及人为设置的后门和陷阱；管理漏洞，包括权限管理、保密管理及身份确认中的策略失误和薄弱环节。漏洞发掘、利用和弥补的技术水平是影响网电战的重要因素。

（二）网电一体体系破击技术机理

网电一体体系破击是指综合运用基本攻击手段对敌方的网络化信息系统进行体系破击的方法。基于体系破击理论，将敌方的战场信息网络作为一个系统，可从破坏系统中的信息流动、破坏系统内部的结构，以及破坏系统运行的秩序等角度出发，将网电一体攻击分为破节断链、降维退化和扰乱控制三种方式，其技术机理分析如下。

一是破节断链。破节断链是指运用网电一体攻击方法，对精选的敌战场信息网络的各类节点实施复合打击，切断其重要信息链路，造成"耳目"失聪、通联失效。其技术机理为：敌方战场信息网络功能的有效性源自系统中信息流的有序流动及在流动中的有序交换。破节断链就是要破坏敌方网络体系内信息流的相互作用，削弱其内部之间及内部与外部之间的联系，使系统的局部或全局缺乏"营养供给"，从而导致"组织坏死"，影响系统整体功能直至系统瘫痪。技术实现上，目前可以采用实体毁伤、能量压制、协议攻击及漏洞利用等各种方法对敌方战场信息网络中精心选择的节点实施攻击,达到破节断链的目的。

二是降维退化。降维退化是指以降低敌方战场信息网络的整体效能为目标,综合运用网电一体的攻击方法对敌实施攻击的方式。其技术机理为:体系破击的本质就是通过削弱敌战场信息网络中各节点、要素之间的关联性和结构力,使其退化为部分系统或较低级的系统。降维退化就是从这一原理出发,首先设法将敌方的战场信息网络从环境中剥离出来,然后把网络分解为部分系统,把高层次系统退化为低层次系统,从而破坏系统的整体功能和整体涌现性。

在技术实现上,网络分割理论认为,网络效能 V 与节点数量 n 的平方成正比,即 $V \propto n^2$,包含 n 个节点的网络被分割为 k 个子网,当每个子网包含节点个数相等时,网络效能损失最大,网络连通性降低也最为显著。网络价值空间压缩理论认为,在节点价值对等的网络中,占据或破坏网络节点数越多,网络价值损失越大。网络降容攻击理论认为,链路速率降低(距离拉长、误码率提高、丢包率增大等),或可用链路数变小(链路中断、阻塞、无法建立等)时,网络业务流容量会下降。当平均流长度增大(长路径流占比较高),或平均流速率较高(大数据量业务较多)时,网络业务容量也会急剧下降。

因此,以敌网络中的关键节点/链路和指挥信息系统为攻击目标,综合采用网络战方法(如协议攻击、分布式协同攻击等)和电子战方法(如信号压制等)破坏敌网络中的关键节点/网络,将敌方战场网分割成相互独立的子网或节点,从而达到破坏敌方网络结构,割裂敌战场网络体系的目的。在此基础上,利用网络降容攻击理论,采用协议攻击、级联攻击等手段,迫使网络负载重新分配,诱发节点连锁失效,最终导致网络大面积失效,实现使敌方战场信息网络降维退化的目的。

三是扰乱控制。扰乱控制是指综合运用网电一体的攻击方法，对敌方战场信息网络的耦合性和运行秩序进行扰乱，并设法使其符合我方的运行秩序。其技术机理为：系统论的观点认为，序参量的维护，是确保非平衡系统稳定的核心要素，对于敌方战场信息网络这个脱离平衡态的系统，若能够影响其战场信息网络正常运行的序参量，破坏体系与相关因素的耦合，则网络的稳定性、有序性将被打破，其功能就无法正常发挥，这就是扰乱控制的逻辑起点。技术实现上，可采取信号干扰、信息欺骗等方法来扰乱敌方战场信息网络的运行秩序；也可采取渗透控制的方法部分接管敌方的战场信息网络，达到控制其战场信息网络的目的，如利用敌方信息系统中的漏洞，采取伪站布设、信任关系利用等手段，渗透接入敌目标信息系统内，达到控制目的；还可采用密码破译、安防突破等方法迂回进入敌方战场信息网络，实现对其的控制。

三、防御性网电战技术机理

防御性网电战技术机理可概括为防侦察、反进入、拒扩散、阻止破坏、消除后果五大方面。

一是防侦察。防侦察主要发生在网电空间实体层、信号层和信息层。实体层防侦察主要防止各类网电设备设施的位置、配置等地理空间信息被探知。主要措施有伪装欺骗、疏散配置、保密隔离。信号层防侦察主要防止网电设备辐射的信号被敌截获分析。主要措施有电磁屏蔽、信号藏匿、噪声掩盖。信息层防侦察主要防止敌通过协议分析、嗅探、扫描等手段，获取进入己方系统所需要的参数和其他信息。主要措施有虚拟专用、信息隐蔽、逻辑屏蔽。

二是反进入。反进入就是防止敌利用己方网电空间的各种漏洞，以各种方式和途径进入己方的核心区域。信号层的反进入与反侦察在机理上是基本一致的，实体层、信息层的反进入有自身特殊机理。实体层反进入，主要防止敌秘密置换芯片、生产厂家预制硬件"后门"，以及敌情报人员或特种部队接近己方关键网电设备设施等。主要措施有技术自主和警戒防卫。信息层反进入，主要是防止敌方获取己方信息系统或数据的访问权和控制权。主要措施有身份认证、入侵检测、数据加密、漏洞扫描和信息过滤。

三是拒扩散。拒扩散就是通过截断攻击传播路径，防止攻击者和病毒、木马等破坏性程序及敌心理战信息，利用网电空间的互联、共享特性在己方网电空间扩散，尽量缩小敌攻击范围，主要发生在信息层和认知层。信息层拒扩散，主要是在攻击者进入己方网络后，阻止其继续进行深度入侵，避免其取得更大战果；阻止木马、病毒、蠕虫的快速传播，避免网络大面积感染。主要措施有逻辑隔离、访问控制、参数变换。认知层拒扩散，主要是防止敌方发布的谣言、心理战信息等欺骗、诱导、威慑性信息通过网络广泛传播，阻断"蝴蝶效应"，避免影响己方军民的判断、情感和意志。主要措施有实时监控、主动清除、及时反击。

四是阻止破坏。阻止破坏就是在敌对己方网电空间实施攻击时，通过综合采取各种措施，阻止敌方破坏己方网电空间的正常运行，或阻止敌方通过网电空间向其他空间实施跨域攻击，尽量降低敌破坏效应。主要发生在实体层和信息层。实体层阻止破坏，主要是防止敌对网电设备实施物理破坏。实体层防侦察、反进入机理同样也适应于阻止破坏。信息层阻止破坏，主要是在发现攻击迹象时，综合采取各种措施，尽量防止己方网电空间的数据信息被窃取、插入、删除和篡改，从逻辑上保持其完整性、可用性、保密性和可靠性。主要措施有陷阱诱捕、分流疏导、主动查杀、容错纠错。

五是消除后果。消除后果就是在遭受敌网电攻击后，及时进行损害管制和灾难恢复，尽量避免连锁反应，减少损失，尽快恢复网电空间的正常运行和安全稳定，主要发生在实体层和信息层。实体层消除后果，即尽快修复遭受攻击造成损坏的网电设备，启用备份和替代产品，从而恢复实体层的支撑作用和功能。主要措施有启用备份、民品代替、最低限度网络系统。信息层消除后果，主要是综合采取各种措施，尽快恢复被敌方网络攻击破坏的软件系统、服务、数据和信道等。主要措施有覆盖还原、信道征用。

专业对抗机理闪烁着网电战的独有光芒

网电战具有很强且独立的专业性，一方面增加了外界对其了解掌握的难度，另一方面也阻碍了其在联合作战中的应用，必将限制网电战在更高层面制胜机理的发挥。因此，科学认识网电战在专业对抗层面的制胜机理，不仅是网电战自身效能发挥的需要，更是信息化作战制胜的重要基础之一。

网电战的核心要义在于对信息活动主动权的争夺。网络化的电磁活动，以及电磁化的网络体现出当前信息化发展的时代特征，网电战因此而得名。网电战的目的和结果也必须充分体现网电空间信息活动的成败得失。当信息活动基本上都是以网络化的拓扑结构和电磁波形式完成信息获取/感知、信息传递和信息处理全过程时，网电战也就自然成为信息活动斗争的主体形式，其斗争的内容也必然围绕信息活动的各环节展开。

一、技术体制是网电战专业对抗的制胜前提

在信息活动的各环节中，信息内容都会根据一定的特殊约定，在频域、时域、空域和能量上形成特定的信号和信码，便于人们对信息活动进行接续、处理和施效。网电战的本质就在于对这些约定的感知与反感知，识别与反识别，解析与反解析的对抗斗争。例如，简单的噪声干扰就是将对方约定的通信或雷达信号淹没在杂乱无章的噪声信号中，使对方无法有效感知真实信号的存在。距离波门拖引欺骗干扰则是将对方雷达发射的脉冲回波在时间上拖延一段时间，从而使雷达测距难以正确判断雷达脉冲的往返时间进而产生测距错误。随着网络化电磁活动的广泛应用，电磁信号以编码形式扩大信息含量，网电一体的干扰行动需要从信号、信码两个层面共同发挥破坏作用。

因此，网电战效能实现的第一块"基石"就是"对敌方电磁信号和信码的解析，以及对己方电磁信号和信码的保护"，否则就没有后续的所有网电战行动。这是网电战制胜的技术前提，目的在于实现信号体制的适配。

信号是信息的载体，既是信息系统从事信息活动的产物或目的，也是网电侦察的目标，网电攻击的"弹药"。对于网电防护而言，需要通过多种调制和处理方式实现信号的唯一、可识别，并赋予其相应的功能作用。对于网电攻击而言，则需要通过逆调制、逆处理等方法，截获信号、分析信号，甚至复制替换或覆盖信号。因此，网电战技术发展和对抗的焦点就是信号的调制与处理，其根本目的就是信号体制是否适配，能否实现适配，这是决定网电战技术效能的前提。

网电战制胜的技术前提聚焦在信号体制适配，这是由网电战效能实现的技术机理决定的。因此，在组织网电战行动，开展网电战建设中，必须

持续不间断地组织实施网电侦察行动。必须在坚持技术决定性基础上，增强对抗意识，突出信号体制适配要求，系统开展技术创新、情报侦察和性能评估。

首先要建立动态完善的信号处理技术发展机制。把信号处理技术列为网电战核心技术，统筹规划、重点攻关、冗余储备，确保己方及时发现和掌握敌方网电信息技术的发展动态，有针对性地改进和更新网电战技术手段，逐步摆脱跟踪应对式的网电战装备技术发展模式。

其次要建立常态更新的信号体制情报数据库。这是识别目标、评估效果的根本依据和反映情报价值的直接需要。改进侦察手段的功能，为信号体制情报侦测提供必需的手段支撑；同时还需要健全完善情报分析、融合共享机制，充分发挥信号体制情报数据在装备研发、作战筹划和战斗支援中的作用。

再次要建立基于信号体制的网电战装备性能评估机制。网电战装备研发存在明显的应对性和后延性，同时在性能评估方面还面临间接性、模糊性难题。这是网电战能力"不托底"现象的重要原因之一。需要在继承现有评估经验和做法基础上，通过完善信号体制情报数据库，建立基于信号体制的网电战装备性能评估机制，切实提供可靠、可信、可用的性能评估意见，有力牵引网电战装备的研发。

二、战术运用是网电战专业对抗的制胜基础

任何技术装备都需要结合特定的战术运用才能更加有效地发挥其技术性能，实现其作战效能。对于网电信息系统而言，无论是信息感知、传输，还是处理过程，一方面都需要为相应的信息系统按照其辐射接收电磁波的

方式方法选择合适的阵地位置，另一方面还需要根据其作战效能形成与发挥的任务要求确定工作时间、辐射或接收方向、辐射强度等电磁活动方式。这一切行为实质上构成了网电信息系统的战术运用方式方法，进而相应确定了网电攻击的方式方法。特别是，网电信息系统还需要为摆脱对方网电侦察和攻击，采取改变技术状态、阵地部署和工作方式等战术措施。因此，网电战专业对抗在战术运用中具有十分灵活的特性。由于网电战包括时域、空域、频域、能量、路由等多维操作方向，其战术变化的维度和范围更加复杂。

在时域上，网电信息活动具有连续、分散、突发、接续等多种变化方式，反映着信息活动的任务需求、功能作用，甚至作战企图和时机等关键信息。特别是，电磁波以光速传播，其带宽越来越宽，瞬时传递的信息内容，以及探测的目标状态都十分丰富，一次微秒级的时机丧失可能就会导致整个作战的失败。因此，网电战行动需要把握住时域斗争的机会，不仅需要根据网电信息活动和网电攻击行动的任务要求、网电技术性来能确定作战行动开始时机、持续时间，以及停、续的时间分配，还需要结合网电战行动衍生效应的形成与作用时间，来统筹计划网电战行动，才能确保网电战目的的有效实现。

在空域上，网电信息活动一方面以电磁波传播方式为途径调制出形状各异、变化多端的空间分布状态，另一方面还需要结合任务需求保持一定范围的空间覆盖。其覆盖方式又与电磁波传播特征紧密相连，既是其威力范围的表征，又是其作战方向和目标的指示。特别是，当网电战在空域和时域两方面结合在一起时，可以充分利用电磁波传播速度极快、方向调制灵活的特点，以快速的时域变化，保持空间指向精度与较短时间内的空间覆盖范围的统一。例如，相控阵雷达就是以极其尖锐的波束快速扫描整个作战空域，确保了对空间内目标的近实时精确测向。因此，网电战必须充分考量空间因素，从网电战的阵地位置、作用范围、瞬时覆盖范围、空间电磁机动速度、空间电磁辐射方向，以及网电战力量与其他网电信息系统的空间，网电战力量与其他作战力量的空间关系和变化上统筹网电战行动，才能确保网电战目标的达成。

在频域上，这是网电战独有的作战维度，也是进入网电空间的"身份证""识别符"，更是网电战行动的特征要素。任何网电信息活动都具有明确的频域特征，这种特征往往还和特定的信息活动功能及相应的作战效能相关联。频域上的网电活动变化更加具有网电战特性，也是网电战战术运用最为活跃和复杂的领域。甚至于在很多场合，人们往往就将对频域的掌控能力等同于网电战能力。频域的变化也必然需要与时域和空域相联系，进而产生了时分多频、频率集成等多种技术体制，也形成了改频、跳频、捷变频等技战术措施，而整个战场的频谱规划、管控，以及斗争方式更是网电战战术运用的主体组成部分。因此，准确、迅速地掌握战场电磁频谱变化，保持充分的频域活动自主权则是网电战目的所在，更是网电战制胜的重要指标。

在能域上，网电战必然以一定的电磁能量为支撑，才能展开各种网电战活动。然而，由于网电战活动具有时域、空域和频域三大领域属性，其能量分布也比传统的机械能、化学能和原子能的分布具有更大的变化，也带来更为复杂的战术运用方式方法，不能简单地将火力的能量在时域和空域上的分布特征类比到网电战中的电磁能量在时域、空域、频域上的分布。实际上电磁能量在时域、空域、频域之间存在着十分紧密的联系，更加演绎出复杂的战术变化。因此，灵活掌握网电战的能量变化，是网电战制胜必由之路，也是网电战战术运用的核心内容。

路由实质上强调的是网电活动之间的逻辑关联,反映出信息网络活动的拓扑结构,反映在电子战中则是组网结构。电磁活动的网络化和网络活动的电磁化,将网电战由单件装备或单套系统之间的对抗上升到体系与体系之间的对抗。这种网电信息系统所组成的体系结构实质上就是由多种路由关系建立起来的网电信息活动的组织结构。这种组织结构不仅使各子系统的功能形成互补关系,还增强了对抗网电攻击的整体能力,并且还形成了更加强大的信息活动能力。因此,这种路由结构的形成与建立,实质上也就起到了体系化的功能融合作用。这也是网电一体战面临的直接挑战和对象。对这种体系化的战术运用实施有效的网电战,则需要采取体系化的侦察、攻击行动,才能将网络战和电子战在战术技术上实现一体化融合。因此,在网电一体的信息化阶段中,网电战制胜的时代要求就是要以路由的思路和网络的意识,组织开展体系化的网电战技战术融合。

协同机理,以虚制实之道

信息化作战的突出特征就是在信息主导下,兵力火力行动实现了远程精确机动与打击,形成了一体化协同合力。这既是信息活动对所有作战行动的全面渗透结果,也是网电战得以形成并发挥巨大作用的客观条件。一方面,网电战主要作为一种"软打击"的手段,代替不了"真枪真炮",不能对敌作战体系的节点目标产生直接毁伤和破坏,网电战只有与火力打击、兵力突击、特种作战等不同作战手段有效协同、紧密配合,才能起到"四两拨千斤"的效果。另一方面,网电战主要作用于网电空间,而网电空间中敌方电子目标时隐时现，网电战往往只能对敌方部分网电信息系统实施特定时段的电子压制或网络攻击，使敌人暂时"失聪"或"失明"。网电空间信息攻击行动与实体打击行动的目标关联、行动次序和主次关系等协同配合直接影响到实体空间对敌节点目标的破击效果，这也是网电战谋求制胜的协同依据。

因此，组织网电战不能只看干扰多少无线电台、压制多少雷达，瘫痪多少网络，而要看网电攻击行动与其他作战行动尤其是火力打击行动之间的有效协同配合，从而达到体系破击的效果。

一、目标协同是制胜之要

首先，剖析敌联合作战体系的整体结构，把维持其作战体系正常运转的核心或对我威胁最大的部分作为首选攻击目标，实现"以点制面、破敌体系"；其次，选择对敌整体作战能力影响最大的节点目标进行攻击，如指挥机构、通信枢纽、骨干雷达站等，破坏其作战要素间的关联性，进而降低其整体作战能力；最后，研究目标特征，找出目标薄弱环节，针锋相对地运用攻击手段。

二、信火协同是制胜之法

改变传统的网电攻击、火力打击单打独斗、各自为战的组织运用方法，着眼信息主导，构建以信息系统为支撑，以作战指挥联合一体，作战行动联动一体、作战效能聚合一体为目标的作战运用模式，将网电攻击和火力打击进行有机整合，形成快捷高效的作战联动体系，有效发挥整体作战效能。

三、效果协同是制胜之途

网电攻击与火力打击各具特点和优势，联合作战中要围绕共同的作战目标，既以各自领域的行动特点、作战能力和攻击方式为牵引，又强调充分利用对方的作战效果，像拳击运动员的左右手，轮番进攻，两者优势互补，打出一套网电火力联合制胜的"组合拳"，从而达到功能聚焦和互补增效的目的。

越联合越强大是必然规律

信息化战争中的联合作战绝不只是两个以上军种间的协同行动，而是在一个庞大网络信息体系支撑下的各种作战与保障力量，围绕共同作战目的而展开的高效作战。信息主导自然是其中最为突出的特点，也是其得以命名的主因。

当前，网电空间已经成为信息活动的主体空间，网电空间自然成为与陆海空天多维地理空间并列的新质新型的作战空间。由于网电信息活动几乎主导着所有作战行动，网电空间实质上制约着各维地理空间，反过来各维地理空间分布的有形作战装备实体又是网电空间得以形成与运动的实体依托。因此，信息化联合作战实质上就是在地理空间的实体部署基础上，通过建立起稳定、高效、灵活的网电空间信息活动态势，进而支配各维空间的一体化作战行动，共同达成作战目的的一种全新的作战形态。

这种作战形态发端于有形的地理空间，却又以无形的网电空间支配各有形空间的一体化协同作战行动,并以新的地理空间作战态势的变化触发新一轮作战行动,直至达成联合作战目的。

其中,网电战是网电空间信息活动主动权斗争的主体。网电战一方面是破击敌方网电信息体系的主力军,另一方面则是保护己方网电空间活动的重要力量。此时,制胜网电战就具备了控制战局发展和进程的可能。

网电信息活动已经成为信息化联合作战的纽带和焦点,不仅面临网电攻击威胁,也面临地理空间的兵力火力威胁。因此,交战双方首先都致力于构建多路径、多冗余、多体制的网电信息体系。这种强烈需求进一步促进了网电一体战的形成,也增强了网电战制胜的难度。

一、胜于平时

网电空间的战场建设、装备技术发展,以及平时的战略预置和侦察行动,将网电战延伸到战争未燃之时,并赋予其更加突出的控制战局的能力,使得网电战"未战先用,未战先胜"的特性更加鲜明。因此,网电战必须以平战相融,常战不懈的姿态"永远在战斗"。换而言之,一方平时的网电战失利或被认为失利,将很可能成为另一方发起进攻的前提。

二、利于整体

在联合作战过程中,网电战将成为战场态势转变的关键。一方面,交战双方都需要通过网电信息活动感知、传递、处理和共享联合作战态势;另一方面,也都必然需要通过使用网电攻击手段,破坏对方在"同一态势"下的作战指挥。因此,必须在联合作战中以争夺战场主动权"制高点"的姿态,整体筹划网电战,优先配置网电战力量,优先组织网电战行动,将网电战视为稳定战局的"压舱石",控制战局的"变压器"。网电战制胜必须跳出网电战专业对抗的"小圈子",也必须超出协同行动的"小伙伴",着眼于战场整体布势,针对作战体系关联,以主战力量的地位发挥主导战场态势的整体作用。其制胜机理主要体现在对战场电磁频谱和网络拓扑与协议的全盘掌握,因此,需要在网电侦察的基础上,综合研判各种渠道来源的情报信息,进行深度挖掘,才能有效地引导网电攻击和兵力火力打击行动。

三、成于联合

在对敌方信息体系实施网电攻击时形成的网电战效果将服务于联合作战整体效能。因此,必须以作战全局的高度统筹计划组织网电战和其他兵力火力作战,甚至在特定的作战阶段针对特定的网电战目标展开联合网电战行动,表现出网电战"联合打"的特别要求。当然,为了使服务和支持整个联合作战态势向有利于己方的方向演变,最大可能地削弱敌方信息化作战体系的整体效能,还需要统筹规划敌方分布于陆、海、空、天各维地理空间的网电战目标,表现出网电战"打联合"的特别作用。

在信息化战场上的联合作战中,网电战制胜绝非单打独斗,更不是囿于网电空间之内。必须以"联合打、打联合"的形式,致力于整个战场网电态势,进而主导联合作战整体态势,才能真正体现网电战的制胜机理。

后信息时代呼唤全新战略制胜手段

信息化的社会发展进程,将人类生产生活等几乎一切社会活动都依附于无形的网电空间。实体空间的有序运转和虚拟空间的舆情心理变化，无时无刻又无处不在地与无形的网电空间进行海量信息互换。

然而，战争目的仍然是通过暴力手段将己方意志强加于敌方之上。网电战只不过是战争暴力手段的新形式新发展，但是人们在使用这种特殊暴力手段时，却能够发挥两种途径不同的功能作用。

一、战争暴力手段的新形式

信息时代，战争的整体面貌较以往发生了巨大变化，整体上呈现出低烈度、多域化的特征，以高强度火力打击为代表的传统"硬摧毁"手段运用受限，以网电战为代表的新型"软杀伤"手段迅速崛起。

克劳塞维茨曾言，战争是迫使敌人服从我们意志的一种暴力行为。作战域的拓展和"软杀伤"手段的广泛运用，并未改变信息化战争的暴力属性，尽管网电战基本避免了对敌实施直接毁伤，但其最高目的为夺取制信息权，在网电空间形成"我方畅通无阻，敌方寸步难行"的有利态势，最终仍可归结为"迫使敌人屈服"。因此，网电战归根结底还是一种战争暴力手段。

网电战是极具信息时代特征的战争暴力手段新形式。首先，网电战开辟了网电空间这一全新战场，使在网电空间或通过网电空间迫使敌人屈服成为可能，极大拓展了战争暴力手段的外延。其次，网电战以信息系统、信息和人们的认知为主要作用对象，在特定情况下，具备了不造成大量人员伤亡和设施毁损即达成战争目的的能力，是一种高度可控的战争暴力手段。最后，网电战以"联合打、打联合"为制胜规律，可深度融入传统战争暴力手段之中，并赋予其更加精确灵活的作战能力，极大地提高了作战效益。

二、直达战争目的的新途径

通过网电空间直接破坏敌方的战争潜力和战争意志，可直接达成战争目的。网电战将在其中起到主战力量、主导形式的作用，其他传统的暴力手段则处于支援配合和辅助地位。

如果说专业对抗层面的网电战制胜机理解决的是网电战能不能用的问题，协同行动层面的网电战制胜机理则是解决有什么用的问题，联合作战层面的网电战制胜机理是解决怎么用的问题，而战争层面的网电战制胜机理将全面回答到底有多大用的问题。

网电战直接达成战争目的制胜途径又因此可以分为破坏信息化社会生产生活基础和操控民心士气，影响战争意志两方面。其中后者在施效过程中需要心理战、舆论战和法律战的有效参与，并共同形成完整的信息战，但也离不开网电战的前期有效制胜。

三、争夺国家利益的新领域

在破坏敌方信息化社会生产生活基础方面，网电战得以有效发挥作用并取得胜利的前提是敌方社会生产生活已经建立在较为发达的网电空间之上。从某种意义上来说，越是信息化程度高的社会，越是难以承受网电战带来的破坏效果。然而，越是信息化程度高的国家和地区，其防御网电战威胁的能力也越强，同时也具有相应的网电战攻击能力。在这种全民全面的网电空间攻防对抗中，由于网电空间本身所具有的开放性、兼容性和渗透性特点，整体上呈现出"易攻难守"的攻防态势。

从开放性上看，网电空间的任何网电活动都必然通过内外接口和各环节间的电磁波辐射等活动，因此为截获、分析、复制、阻塞、替换、篡改、冒充等多种攻击行为留下了无法弥补的破绽。即便是传统的有线闭路结构的局域网，也会在各终端、转接器上存在无法杜绝的"漏洞"。因此，从整个作战范围上看，网电空间实际上始终处于开放状态中，不可能建立起严防死守的铜墙铁壁，任何网电活动都有可能遭受相应类型的攻击，只要掌握充分的"漏洞"情报，总能获得有效的攻击途径和方式。

从兼容性上看，为实现多个系统、多种功能、多个领域的互连互通互操作，网电活动的信码、数据格式及通信协议都必须满足一定程度的兼容性。这是网电活动的高效、宽泛、灵活等本质需求所决定的，虽然不可避免地带来易破解、易接入、易扩散等现实危险，但正是这种广泛、强烈和巨大信息活动需求的内在牵引，使得这种兼容性具有非保密安全特质，哪怕是通用性商务软件和客户市场需求也会逼迫这种兼容性越来越呈现出通用性、标准化的刚性趋势。因此，网电战必然具备在较大范围内、快速的衍生扩散效应，一方面以几何级数的速率放大作战效能，另一方面也为针对特定目标的攻击提供了多种途径和效果的迂回穿插路径。

从渗透性上看，人类社会的任何社会活动都必须得到准确、及时的信息引导，信息活动也必然以网电信息活动的形式充斥整个人类活动空间，以满足快速、远程、大容量、多媒体的复杂信息活动形式要求。因此，对这种网电信息活动的攻击实质上就是对各种社会活动的攻击，不同的攻击方式和强度也必然带来不同的社会效应，不同的攻击目标和时机也必然产生不同的社会影响。小到具体的"外科手术式"破坏，大到颠覆政权，都将在电磁波编制的无形巨网下被一网打尽。

制胜密码隐藏在信息活动之下

通过对四个层面网电战制胜机理的分析，可以看到网电战的产生、发展和地位作用的确立，必须依附信息活动的形式变化，以及其在战争行动和生产生活活动中的广泛而又深刻的运用。因此，网电战制胜机理只是在当前人类信息活动依托于网电技术的阶段中，通过对网电信息活动的攻防行动，进而控制把握信息活动主动权的时代表现。

在开展网电战中，为赢得专业对抗、协同行动和联合作战的胜利，甚至直接达成战争目的，其制胜途径都绕不开知情、技术和施效三个基本要素，人们在这三者间的相互作用、相互制约、相互促进的过程中争夺网电战的各层次胜利。

一、知情为先，技效相辅

网电战围绕信息活动主动权的争夺展开，其一切行动和技术发展都建立在及时、准确和全面的"知情"基础之上。同时，具备一定技术水平和明确施效目的则是"知情"达到全面、准确、及时的保证。

人类的网电信息活动能力必然建立在相应的网电技术基础之上，否则即便是目力所及也不明白"光"就是电磁波，更无从谈起网络化结构，只能以传统形式开展情报战、心理战，绝对谈不上什么网电空间的认识。特别是网电空间是超出人类生物感知范围的无形空间，人类必须通过相应的技术手段，拓展人类的感知范围，才能真正地构建、运用和感知网电空间。

因此，掌握一定水平的网电技术是一切网电信息活动的基石。

然而，网电空间的开放性和信息活动的隐秘性导致网电信息活动从诞生之日起就不得不纠结于两者的矛盾之中，更何况自然电磁现象，以及人类信息活动的复杂关联性和传播需求，也促使网电信息活动必须以特定的信号样式、通信协议、数据格式和拓扑结构开展。这些网电信息活动特有的表现形式和组织方式，既是网电技术发展的结果，也是网电信息活动的产物，更是网电战必须掌握的情报数据。

为此，平时必须建立起区域全面覆盖，全时不间断、稳定高效的网电侦察体系，并保持多渠道的情报信息共享，组织连续不间断的情报数据挖掘，汇总比对，并建立起分层分类的网电战情报共享体制，确保网电战情报的综合效益得到充分发挥。

战时，则根据联合作战情报体系的整体筹划，在构建网电战情报体系的同时，注重多源情报的融合，提高情报传递的效率，确保网电战情报的作战效益得到可靠保证。

值得注意的是，网电战情报中很大一部分内容是由网电信息系统提供的，尤其来自敌方的网电攻击行动通常都是由网电信息系统得到第一手资料和数据。而这些不仅包含敌方的网电攻击技术参数，还包含诸如网电技术水平、战术运用、载体平台信息，甚至包含战略战役企图等高价值情报。因此，网电战制胜机理的"知情"要素的覆盖范围十分宽泛，建立相应的情报体系则是夺取网电战胜利乃至联合作战胜利，甚至战争胜利的前提基础。

网电战情报体系的运转还必须充分体现"技效相辅"的要求。一方面强调依托网电技术提升情报侦察的技术水平，并深入挖掘情报的综合效益；

另一方面也需要在技术研发、作战效能需求的牵引下，提高情报工作的针对性，使网电战情报的运行形成回路。各作战部队、研究机构都应当与情报体系建立起需求反馈联系，由情报机构根据相应的制度分发相关情报，组织情报汇总，开展针对性的情报侦察行动。

二、技术为基，作战牵引

网电战离开技术基础的支撑就是空中楼阁。网电技术本身就是战斗力，它决定着战术的运用和发挥。没有技术支撑，就没有装备手段、力量和战术；不懂技术就不可能组织筹划网电战行动，不可能正确建设和发展网电战力量。

然而，技术方面的建设、发展和运用，绝不只是工程技术部门一家的事情，需要在作战需求的牵引下，情报信息的比对下，战术运用的制约下，不断创新发展、寻求突破。

网电技术是网电战的前提，作战才是技术的归宿。平时建设发展过程中必须坚持"打什么仗，造什么样的武器"的原则，以明确网电技术的发展方向，规划发展计划，确定技术性能指标。战时，则需要在激烈的对抗过程中，刺激网电技术的应急发展和深化运用，因此，网电技术在网电战制胜机理中具有决定性作用，必须具备全面支撑、快速转化、灵活应对的发展和应用能力。

全面支撑要求一个大国强国必须建立起门类齐全、基础雄厚、产研融合、军民融合的网电技术发展应用体系。这不仅是战争的需要，经济发展的需要，更是一个国家一个民族在信息化时代取得生存权、发展权的必要条件。在社会发展过程中民用的、普适的网电技术发展直接受市场经济的牵引，但容易出现重功能效率、轻安全防护的现象。特别是当某项网电技术得到极为广泛的应用后，研制初期因疏于安全考虑而遗留的漏洞甚至会给整个行业、整个领域、整个社会带来巨大安全隐患。因此，即便是纯粹的民用娱乐类网电技术应用也必须在相应的组织机构、法规制度约束下，尽可能做好安全防范工作。军队也有责任和义务，依据相关法律法规对重大社会活动、民生关键业务设施和国家基础设施开展检验性攻击，将民用网电技术及其应用纳入未来网电战的整体筹划之中。也就是说，网电技术的军民融合发展必须超出"输血"与"造血"层面，上升至"防疫"与"免疫"的高度，才能更好地确保国家安全、国家利益的有效维护。

网电技术发展和应用的最终归宿是战场。作战需求就是网电技术发展和应用的方向。然而平时的作战需求的提出必须依托于全面持续的情报引导，战时的作战需求又具有极强的时效性。

因此，在完善的网电战情报体系支撑下，必须以相应的机制建立起作战需求牵引装备技术发展的模式，才能从根本上克服平时被动应对式和"有啥就用啥"的盲目发展模式。战时的技术应用必须适应战场上的应急突发情况。各国都将网电战能力列为高度机密，战场上才见真招，在作战过程遇到新技术新战术的新挑战是网电战不可避免的现象。这也要求在平时雄厚的技术储备支持下，顺应战场新变化，快速有效地改进发展网电战技术。发展"自适应""可重新编程"的网电战技术成为网电战制胜机理不可或缺的重要内容，这也是"认知电子战"得以提出并迅速发展的根本原因。由此可以看出，平时的牵引式发展模式必须顺利地转化到战时，并保持高效运转。

三、聚焦效能，跨域运用

网电战效能并不停留在网电专业对抗层面，而是通过协同行动将其衍生到整个联合作战的对抗，甚至导控联合作战整体态势的演变，特别是针对战争潜力、民心士气的攻击还将直达战争目的。因此，跨越网电空间领域对陆、海、空、天各维地理空间领域，以及社会生产生活领域开展信息攻击行动，破坏其各种实体行为的信息引导作用，进而达成作战目标，实现战争目的，则是网电战必然的制胜之道，更是其价值作用的集中体现。

为此，网电战制胜的关键在于跨越施效的功能发挥，筹划网电战行动必须通过在网电空间的积极行动，影响、控制其他物理空间内的物质流动和能量聚合，从而实现跨域衍生效应。

一是衍生效应分析"清"。网电战具有战略性质，其行动后果对国家军事、政治、经济、外交影响重大，其产生的衍生效应有时是一把"双刃剑"，对于己方利弊共存。例如，对敌方民众实施信息威慑，可能会激发敌方抵抗意志，起到适得其反的效果。因此，组织网电战，要认真分析其可能引起的"连锁反应"及带来的影响，结合己方战略需求确定网电战攻击目标、方式、规模和时机等。

二是作战行动跨域"联"。即把网电战与政治、经济、军事、文化等其他多个领域斗争紧密结合，使网电战行动在网电空间与物理空间的行动紧密配合，遥相呼应，通过目标一致、效果关联的跨域行动组合，形成强大的整体合力。

三是作战效益谋求"融"。网电战平战、军民结合紧密,界限模糊、渗透性强,作战目标涵盖敌方军事、民生、社会等多种性质目标,筹划网电战,要权衡考虑平战、军民需要,谋求网电战与军事、政治、经济、文化等多领域的融合效益。

附　录
代表性学术文章

网电博弈，须在"亮剑"中"砺剑"

单琳锋 谈何易 张 珂

信息时代，网络电磁空间已经成为与陆地、海洋、天空、太空同等重要的人类活动新领域，并随着地位作用的凸显，日益成为政治风暴的"发酵池"、经济海啸的"地震波"和社会动荡的"引爆器"。未来战争中，网络电磁空间的争夺将空前激烈，网电作战作为重要作战样式，必将打破未来战场胜负的天平。对我军而言，认清网电作战方面的规律和现状，找到适合自身特点的转型之路，在当前形势下尤为重要。

一、决胜无形的时代已至

信息技术的井喷式发展，把战争形态日益推向"无人、无声、无形"的新时代。战场从有形、有限的地理空间延伸至无边、无形的网络电磁空间；战争从有始有终的暴力行为，演变为"无时不在、无处不及"的社会常态。

技术创新颠覆传统斗争模式。技术创新引领武器发展，催生新的作战手段和力量形态，改变以往的作战方式。这种新的作战方式，正在颠覆传统的政治、外交和军事斗争模式。例如，网络强国借助暗网工具，能够对上至高官下到平民的电子邮件、聊天记录、浏览历史等各种网络活动进行监控。美国就曾利用"影子网络",绕过突尼斯、埃及、利比亚等国的网络监管,帮助当地反政府组织串通勾连,搅乱政局,颠覆政权。可以说,从政治和战略上看,信息技术的发展应用,不仅可以改变国际斗争传统模式和战争形态,而且能够左右战争进程甚至战争结局。

网电作战影响联合作战结局。联合作战是在网络信息系统的支撑下,将各种作战要素、作战单元、作战系统、作战体系融合成一个有机整体,共同感知态势、实时共享信息、准确协调行动、同步遂行任务。网电作战通过攻击敌网络信息系统,使敌难以在同一态势中共享情报,难以在同一条链路中传递信息,难以在同一套流程中同步行动,达成孤立敌作战要素、肢解敌作战单元、毁瘫敌作战系统、破击敌作战体系,以及"破天""断链""击点""瘫网"的目的。乌克兰危机时,美军舰于黑海中立区发现俄罗斯两架苏-24飞机临近,使用"宙斯盾"雷达实施跟踪监视并锁定。俄战机启动"希比内"电子战系统,瞬间令美舰雷达失灵,俄战机从容不迫地在其上空进行攻击演练。美舰从一切尽在掌握到陷入迷茫束手无策,说明网电作战可以有效限制敌方获取情报、混乱敌方指挥控制、扰乱敌方协同配合,能够实现攻其一点、撬动全局的目的。

网电作战已是国家级体系对抗。网电作战具有军民技术相通、平台相似、资源相融的特点,其行动承载国家意志、体现国家行为,是国家间政治外交斗争的重要选项。2014年,围绕索尼影业网络攻击事件,美朝双方多层面较量,牵扯多方关系,凸显了网电攻击对政治、外交、经济、军事等领域的传导性和影响力。可以认为,工业时代的战略战是核大战,信息时代的战略战是网电战。因为从作战目标看,网电作战模糊了平战界限、军民范畴,将全社会都卷入网络电磁空间斗争;从力量构成看,网电作战依靠军政企联合、多部门协作、盟国间合作,呈现出平战结合、军民融合、攻防兼备的特点；从作战准备看，网电作战依托国家体系，统筹运用各方资源，力争达成信息单向透明和行动绝对自由的目的。

二、抓住网电作战"痛点"

新形势下，网电作战的地位作用不断提升，但就现实而言，依然有很多"痛点"。这种"痛点"主要体现在"用"上，突出表现为"不想用、不敢用、不会用、不善用"。

"不想用"是理念落后。理念落后是最可怕的落后。与机械化战争攻城略地、追求数量规模不同，信息化战争呈现"明压暗、快吃慢、精制粗、聚胜散"的特征，实质上是网络信息系统融合链接下的体系较量。网电作战作为联合作战的重要组成部分，重点攻击支撑敌体系运行的要害节点和关键系统，破网断链，直接毁瘫敌作战体系。用好用足网电作战力量，发挥这一新质战斗力的效能，提高网电作战在联合作战中的贡献度，是联合制胜的关键。

"不敢用"是缺乏担当。担当体现着胸怀、勇气、格局，有多大担当才能干多大事业，尽多大责任才会有多大成就。网电作战只有在与敌人的交锋过招中，才能暴露短板弱项，才能真正认清差距，才能提升实战能力。在乌克兰危机中，俄乌双方虽没有实质性的短兵相接，但俄通过网电作战，以最小军事投入，实现预期政治谋划，在战略博弈上取得主动。新形势下，在遭受安全威胁或常态化军事应对行动中，更需要在网电作战中勇于"亮剑"、敢于"砺剑"。

"不会用"是能力不足。网电作战具有备战与止战、威慑与实战、战争行动与非战争行动的战略功能。现代战争中，谁掌握了信息优势，谁就掌握了现代战争主动权。夺取战场信息优势既是作战行动的第一目标，也是作战指导的首要着眼点。会不会运用网电作战是衡量指挥员信息化作战指挥能力的重要标志。这就客观要求各级指挥员和指挥机构，必须通晓网电作战常识、摸清特点、把握规律、熟练运用，把深谙网电作战运用作为必备本领。在平时演训活动中，应克服把网电作战力量当摆设、走过场的现象。

"不善用"是方法短缺。网电作战虽然在无形空间展开，却能够对有形空间需要信息引导的军事、民事活动产生多重影响，只要运用得当就能发挥出更多更大的作用。2016 年的美国总统大选，始终与"黑客门"事件若即若离，且不论俄罗斯是否真的采用网络攻击影响美国大选，单是由此而引起的政局动荡，就已经说明网电作战的"多重功效"。因此，应善于在多个领域中充分运用网电作战，不断锤炼网电作战能力，从而有效履行网络电磁空间"开疆守土"的使命任务。

三、找到转型发展之路

要充分发挥网电作战的作用，关键是结合我军实际，找到适合我国国情、军情的转型发展之路。

转变须从根子上抓起。网电作战在转型发展中遇到的难题，从根子上看是文化问题，需要用先进的军事文化破解，使之真正达到形和神、标与本、表及里的深层转型，实现"人为联合"到"浑然一体"质的跃升。这就需要创新、共享和融合。一是创新。打破单一军种和网电分离的思维定式，抛弃模仿尾随式的发展理念，确立整体性系统思维方式，创立互动学习、开放包容的系统，形成原始激励、需求牵引、循环反馈的发展机制。二是共享。彻底摆脱"数据小农意识",通过共享来推倒林立的烟囱,把不同领域的信息孤岛相互联通,真正使信息流带动物质流、引导能量流。三是融合。打破利益壁垒,做到应融则融、能融尽融,养成全局意识、联合思维、协同观念、合作习惯,实现彼此默契的认知同步、行动同步、效果同步。

靠制度固化先进理念。要把改革的成果用行之有效的制度规范确定下来,固化为具体的组织体制和运行机制,提高各项工作的科学化、规范化水平。一是重塑指挥模式。明确作战需求,搞清指挥流程,规范数据格式,为各级指挥活动立起标准化行为标杆。二是确立交战规则。瞄准备战急需,重点明确任务职责、指挥权限、特情处置及追责措施等,用规则规范约束作战行动,避免不敢打、不会打、打乱仗的现象。三是完善体制机制。完善与指挥体制配套的工作运行机制,编修新一代网电作战法规条令,优化设置,理顺工作关系,确保高效运行。

用需求牵引手段创新。瞄着明天的战争来加快发展武器装备,做到未来打什么仗就发展什么武器装备。首先,应把准需求源头。克服需求源头泛化、零散、单一的现象,把网电作战指战员作为需求的主体来研究,把常态化军事应对行动作为需求的主战场来研究,把指技深度融合作为需求的主要形式来研究,确保军事需求清晰、实用、系统、可靠。其次,要立起需求权威。解决好"实"和"硬"的问题,着眼实战提需求,立足能力定指标,确立可操作、可评估的军事需求硬杠杠;解决好"统"和"卡"的问题,按照体系建设顶层设计,把各层级各方面各领域需求统起来,把不符合打赢要求的坚决卡住。最后,要畅达需求传递。建立军事需求与技术实现双向交互机制,开展装备技术成熟度定期测评和通报,提供技术能力清单,避免需求传递过程中可能出现的梗阻、衰减、变异等现象。

(原载于 2017 年 2 月 23 日《解放军报》军事论坛版,有删改)

破解信息作战的制胜源代码

张 珂　单琳锋　谈何易

信息时代，网络电磁空间成为战略博弈的核心腹地、战争制胜的必争之域。信息作战作为网电空间主战样式，具有左右战局走向甚至导控战略态势的影响力。然而，信息作战是一项复杂的系统工程，在看似"无形、无界、无人"的表象背后，蕴含着精准严密的技术支撑、繁复多元的筹划协调、攻心夺气的作用指向。凡事皆有"理"。钱学森、顾基发等系统科学大家将复杂社会问题背后的道理归纳为"三理"——"物理""事理"和"人理"，信息作战中同样存在。通晓"三理"，方能制胜信息作战、主导网电空间、赢得战略博弈。

一、掌握器物之理

"三理"中的"物理"，泛指独立存在于人们意识之外的物质运动和技术原理，主要用于解决"器物"层面"能干什么""怎么干"的问题。网电空间是一个前沿技术高度密集的新兴作战域，涉及一系列复杂的作用机理。科学认识信息作战、合理运用武器装备、有效把控发展方向，掌握器物之理是必要前提。

识破技术谣言的障眼法。基本观念的错误很可能招致满盘皆输，洞察器物层面的基本原理才能保持清醒认识。信息作战自诞生之初就刻上了"制敌无形、跨域显效"的烙印,诸多虚实莫测的传闻也随之涌现——无线注入技术的无孔不入、新型病毒木马的无所不能、高能激光武器的无坚不摧等。此类信息中不乏网电列强刻意设置的陷阱,目的就在于混淆视听,形成震慑,甚至是要导演一出信息时代的"星球大战",将对手引入歧途。为了扫清迷雾、澄清认识,需重点把握信息作战装备的生效路径和运用范围,在器物层面保持敏锐的洞察力,以此破除信息作战无所不能的迷信,准确解答信息作战"究竟能干什么",为决策和运用奠定认知基础。

解开装备运用的密码锁。信息作战对装备技术的依赖超过了任何传统作战样式,驾驭信息作战装备的"技术性"难度较高。部分信息作战手段至今难以突破"不敢用""不会用"的桎梏,主要原因在于武器装备的"解锁式"运用属性。信息作战装备大多针对特定作战对象研发,其运用范围远不及火炮、导弹等传统武器,无法对多种目标生成普适性效果,需准确构建与目标的"锁钥关系"。这种"一把密钥开一把锁"的特点,决定了信息作战装备的效能发挥必须要以电磁波、数据流等信息载体有效进入敌信息系统为前提。为此,要深入探究信息作战装备和信息作战目标双方的作用机理,根据目标信息判明手中武器是否具备运用条件,根据武器性能确定哪些目标可列为攻击对象,以此实现"锁钥契合",在"敢用""会用""活用"中最大限度释放信息作战装备的战场制胜力。

找准科技超越的发力点。掌握器物之理的最大价值是为战略规划提供准确的决策指向。信息时代,战争模式正由地理空间的摧毁与征服转向网电空间的影响与控制。在这一大变局中,发展足以"改变游戏规则"的颠覆性技术,是提升军事能力的战略聚焦点。近年来,美国的"抵消战略3.0"不断发酵,一场信息作战科技博弈悄然展开。网电科技呈井喷之势,能否以敏锐的前瞻性思维在"乱花渐欲迷人眼"的高新技术群中选对选准，在战略对手的技术预置、技术威慑甚至技术讹诈面前看清看透，主要考验的是我们对器物之理的洞察程度。为此，既要密切追踪前沿科技动向，又要避免人云亦云的"跟风"，积极捕捉、孕育、推动颠覆性信息作战技术，力争从"跟跑"转向"并跑""领跑"。

二、贯通谋事之理

"事理"是人们在统筹谋划一系列相关事项中遵循的道理，主要解决"怎么安排最有效"的问题。信息作战涉及多种手段和力量的协作配合，行动上呈现多元、复杂、跨域的特征，需要强有力的组织协调方可实现效能最大化。指挥筹划信息作战，贯通谋事之理至关重要。

打好攻防一体的组合拳。信息攻击和信息防护是矛与盾的关系，两者的实施主体、装备依托和生效路径均存在一定差异，因此信息作战素来有"攻防分离"一说，即信息攻防各打各的，仅在较高级别予以统筹。随着网电空间军事化进程的加速，新型攻防手段的界限逐渐模糊，发掘其间的耦合效应并予以高效组合，是信息作战指挥者在事理层面的必修课。在"月光迷宫"黑客入侵事件中，美国国家安全局伪造隐身飞机项目的网站，诱骗黑客上钩，以此验证了逆向入侵、攻击溯源等主动防护手段。应对网电威胁既要严密防守更要伺机反制，两者的配合的确有理可循，关键在于匹配好攻防手段之间的"接头"与"插孔"，打出无缝对接的攻防组合拳。

释放网电融合的攻坚力。信息作战领域，网络战和电子战犹如鸟之双翼、车之双轮，联动才能纵横驰骋。网与电各有所长、相辅相成，网电融合是攻坚制胜的关键所在，需要从事理层面予以重点把握。"奥德赛黎明"

行动中,北约联军以"舒特"系统作为压制敌防空体系的任务规划平台,将电子侦察、网络扫描、电子攻击、网络入侵等手段一并接入,构成信息作战综合体,通过电子情报与网络情报的融合掌握目标"命门",再运用电磁波"破门"、数据流"致瘫",必要时以反辐射攻击"根除"。因此,信息作战领域网电一体已是大势所趋,必须基于实战准确把握网络战和电子战的强项与短板,破除有碍网电一体的体制性和技术性桎梏,在编成、目标、行动等方面达成全维深度融合,生成双剑合璧的攻坚力。

布设虚实联动的大格局。网电空间具有虚拟性,但绝非凭空存在,本质上仍是人类活动及社会关系的映射,与现实空间紧密关联且相互作用。在"无网不覆"的"信息化战争2.0"时代,网电空间向传统战场空间全面渗透,并对后者形成强烈的影响与冲击,以虚制实成为军事强国追求胜利的不二选择。在俄格冲突中,俄罗斯运用信息优势,不仅切断了格鲁吉亚政府的对外通联渠道,还有效削弱了其军事应对能力。这一虚实联动的"交响曲"开创了战争史先河,也将信息作战的谋事之理上升到战略全局谋划的高度。未来战争将在虚拟空间和现实空间同步打响,必须在虚实交汇的大棋局上排兵布阵,充分发挥信息作战的跨域施效能力,将网电战场的攻防效果投射至传统战场空间,助力甚至主导有形的兵力火力行动,以信息优势奠定全局胜势。

三、领悟人文之理

"人理"是某一群体在从事对另一群体有影响的活动中遵循的道理,主要在人文层面回答"怎么处理最合适"的问题。网电空间的核心是人不是物,不论是体系内部的凝心聚力,还是针对敌方的攻心夺气,都要遵循以人为本的原则。领悟人文之理，可引领信息作战走上"心胜""全胜"的坦途，反之，难免事倍功半，甚至误入歧途。

集聚体系内部的认同感。 在现代战争中，信息作战之于联合作战体系的地位作用持续提升，但就现实而言，依然存在融入难、选用难的"痛点"，时常无奈充当"龙套"甚至"看客"，主要病根在于缺乏体系内部的足够认同，是人理层面的顽疾。自 2016 年 4 月起，美国对"伊斯兰国"实施网络攻击，担任"主攻手"的美国中央司令部却未予以积极响应。信息作战的认同之路绝非一片坦途。在联合作战体系中，为排除认同障碍，积攒更多认同"筹码"，一方面，应善于在平时战备和战时筹划时设法向各方表明信息作战的作用，消除模糊认识；另一方面，要正确领会联合作战指挥员意图，充分考虑建立协作关系的部队对信息作战的期望与认知，并将其作为组织实施信息作战的重要指导。

谋求不战而胜的攻心术。 判定信息作战成功与否，关键要看对敌方人员感知力、意志力、决策力和控制力的削弱程度。"三军可夺气，将军可夺心"，震慑人心、不战而胜是信息作战在人理运用层面的理想追求。2015 年 7 月，德国部署在土耳其的"爱国者"防空系统遭受"疑似"黑客攻击，导弹控制模块一度失控，部分敏感信息遭到窃取。事后，德国即用 MEADS 防空系统替下所有"爱国者"作为补救。这一事件充分说明，关键网络信息系统即使短暂"掉线"，对人造成的心理冲击波也足以左右高层决策，其中蕴含的攻心夺气之理值得深入挖掘。信息作战中，电磁扰瘫和网络攻击只是中间手段，目标信息系统只是对敌施加影响的媒介，削弱敌方人员信息力，左右其决策才是最终目的。为此，需要根据具体情况分析目标受众心理，善于洞察企图、预测行动，骗敌不备、慑敌所惧，巧妙发挥信息作战的欺骗与威慑效应，力争以攻心夺气之计实现"不战而屈人之兵"。

打赢战略博弈的传播战。当前,网电空间的文化理念碰撞和意识形态对抗愈演愈烈,基于网电信息传播的战略博弈正在颠覆传统政治、外交和军事斗争模式。"谁会讲故事谁就拥有世界",在网电空间的信息洪流中,故事的"包装设计"、推送途径和真相本身同等重要,善于运用信息传播的人文之理,通过网电空间高效推送更可信、动人的"故事",是赢得战略博弈的关键。庸者应付战争,强者设计战争。在这场网电空间战略博弈中,充耳不闻注定失败,一味封堵也难免处处受掣,只有勇于发声、善于发声,才有可能夺得话语权。为此,应建强国家级信息发布平台,打造军民融合式专业传播力量,讲好"中国故事",运用人文之理打破战略对手的网电空间传播垄断。

(原载于 2017 年 11 月 7 日《解放军报》军事论坛版,有删改)

把准网电作战力量建设发展的生命脉动

余志锋

现代战争中,制信息权成为夺取战场综合控制权的核心。当前,网电空间已成为军事斗争新战场、国家安全新边疆和战略博弈新阵地,网电作战融合渗透、覆盖全域、巧力博弈、体系破击,反映信息化战争制胜机理,深刻影响未来战争进程和结局。

一、科学认识网电作战新质战斗力的时代属性

克劳塞维茨曾说:要想通晓战争,必须审视每个特定时代的主要特征。从历史发展的角度来说,战争形态就是时代缩影,每个时代都有其代表性的作战手段。随着信息技术的蓬勃发展,军事信息活动开发利用衍生发展出预警探测、指挥控制、火控制导、导航识别等各种信息系统,基于网络信息体系作战已成为信息化战争的基本特征,以电子战、网络战为主体的网电作战自诞生之日起,就代表着战斗力的发展方向,是军事信息技术革命所孕育的新质作战手段。

联合作战破敌体系。信息化战争是大体系作战,网电空间打破了传统作战空间和时间维度限制,以电子信息系统为基础,集成侦察情报、指挥控制、精确打击、支援保障等,利用网络电子信息技术的连通性和渗透性,

实现陆、海、空、天多维空间传感设备、指挥系统和武器平台的有机交连，促进各种作战力量、作战单元、作战要素的有机融合。在联合作战中，网电作战正是以信息化作战体系的关键节点和骨干链路为目标，制约和主导体系对抗整体效能的发挥，制信息权是夺取战场主动权的先决条件。

和平时期控局稳局。军队遂行非战争军事行动，是维护国家发展权益的现实需要，是新形势下应对多种安全威胁的必然要求和提升作战能力的重要途径。在反恐维稳、维护权益、安保警戒等非战争军事行动中，科学筹划和运用好网电作战，能够及时掌握敌对势力动向和图谋，发现深层次、预警性情报信息，遏止敌对活动，防患于未然；能够有效扰乱敌情报获知，阻断敌信息通联，破坏敌指挥决策，防止事态升级扩大，稳定局势、平息事态；能够严密监控网络电磁空间信息数据，研判舆情动态，厘清事实真相，宣扬正义主张，控制有害信息扩散，有效维护国家意识形态安全。

谋势胜战慑止强敌。拥有信息优势的敌人，其高度信息化也带来了易被攻击和易瘫痪的脆弱性，对信息空间安全性的高度依赖正是其"命门"所在。对敌天基信息网络、骨干通信网络、海空协同网络、反导预警网络等核心网络实施战略反制，能够有效削弱其陆、海、空、天整体信息优势，甚至影响敌战争体系的有效运行，直接摧毁其进行战争的意志和能力。战略网电作战影响范围广、对全局影响大、效费比高，能够打敌所怕、攻敌要害，具有巨大的威慑作用，可以在一定条件下达到"不战而屈人之兵"的最高境界，是威慑遏制强敌不可或缺的手段。

二、准确洞察新技术革命驱动下网电作战的发展跃变

当前，以大数据、人工智能、云计算、量子技术为代表的新一轮信息

技术革命不断融合、突破发展。随着新兴技术在军事领域日益广泛深入应用，各种无人化、智能化、网络化作战平台将广泛分布在各维作战空间。面对新的威胁和挑战，在作战需求的驱动下，新的网电作战手段将不断涌现，逐步改变战争技术形态，甚至颠覆未来战争"游戏"规则。

孕育新的作战手段。新技术的突破发展为新型网电作战手段的出现奠定了物质基础。人工智能技术的发展使得未来无人化网电作战系统具备深度自主学习的能力，能够自动感知网络电磁环境，智能化判断目标威胁等级，自动执行网电攻击任务。量子技术、大数据分析、光子技术、脑控技术、云技术、物联网技术的发展将进一步拓展网电作战的作战机理，不断丰富网电作战内涵；自适应集群平台技术、深潜技术、临近空间技术、人机接口技术、纳米技术的发展，将极大增强网电作战平台的机动性和作战效能，不断拓展网电作战的精度、广度和深度。

催生新的作战样式。新兴信息技术的发展催生新的网电作战手段，也将逐步改变以往的作战方式。电磁能、数据流、定向能、生物能等逐渐取代化学火药等传统毁伤方法并占据主体地位，以往以兵力突击、火力打击等为主的轰轰烈烈的作战行动将变得隐蔽无形、兵不血刃，战争、战役和战斗界限将逐渐被打破，无人智能攻击、人机一体攻击、心理控制攻击、跨网渗透攻击、全网毁瘫攻击等行动逐步登上战争舞台，催生出电磁瘫痪战、认知网电战、脑控网电战、蜂群网电战、太空赛博战等新的作战样式，在电磁领域对抗、网络空间斗争、战场综合制权、战略利益博弈方面发挥着越来越重要的作用。

创立新的作战法则。未来战争，战场空间空前扩大，作战领域由三维向全维、由有形向无形拓展，武器装备智能化、隐身化、无人化、网络化趋势明显，空天一体、空海一体、天网一体、网电一体、信火一体等跨域作战成为重要特征。广泛分布在各维空间的各种网电作战平台将打破传统作战空间和时间限制，实现全域覆盖、无网不入、慑战攻心、瓦潜撼基，能够导致敌作战体系结构被破坏、整体毁瘫，社会秩序激烈动荡，深刻影响着作战方式和作战效能的演变。网电作战将重塑战争形态和作战方式，信息主导、巧力博弈、依网聚效、体系制胜将成为未来战争制胜的重要机理。

三、牢牢把握新形势下网电作战建设的重点关键

当前，全球网电作战正进入新一轮快速发展时期，美、俄等世界主要国家争相抢占网电领域技术发展优势。网电空间无形无界，国家利益的疆界拓展到哪里，网电作战能力就应延伸到哪里。军队建设必须紧跟形势任务变化，按照能打胜仗的要求筹划指导网电作战建设发展。

突出网电作战理论变革创新。要立足军事理论现代化的内在要求，加强网电作战基础理论研究。深入探索网电空间的发展趋势、特点规律和制胜机理，分析研究蜂群网电战、认知网电战、脑控网电战等新型网电作战样式的概念范畴、内在机理、主要手段和行动方法，围绕新体制对抗、新领域对抗、新概念对抗、新平台对抗等方面开展预测性研究。要围绕军事斗争准备的迫切需要，加强网电作战力量运用研究。注重作战对手研究，把现实和潜在对手研究全、研究深、研究透，聚焦具体样式下的网电作战力量运用研究，加强非战争军事行动网电对抗力量运用研究，为部队训练和军事斗争准备提供针对性更强、更明确的指导。要着眼新时代军队的使命任务，深化网电作战力量的建设发展研究。论证分析我军网电作战现实能力、短板弱项和内在矛盾，围绕网电空间军事斗争的战略需求，准确提

报力量体系建设需求，明确发展思路、建设重点、能力指标和方法路径，形成有创新性、切实可行的对策建议，有力推进网电作战能力的全面提升。

突出网电作战尖端技术发展。网电作战是技术对抗异常激烈的领域，只有技高一筹才能掌握先手、占有主动。当前，美、俄等国非常重视网电作战的装备发展和技术储备。美军将网电作战技术的发展作为其"第三次抵消战略"的一个重要支点，以期在网电作战领域形成领先对手20～30年的军事优势。俄军装有"希比内"新型电子战系统的Su-24飞机，曾成功致盲美部署在黑海的"库克"号驱逐舰"宙斯盾"系统。要突出网电作战基础技术研究。立足国防科技和武器装备发展前沿，在量子技术、云计算、大数据、新材料、临近空间作战、无人化作战系统等领域不断突破，为网电作战基础理论发展和关键技术创新提供坚实基础。要突出网电作战前沿技术研究。瞄准网电空间技术发展前沿方向，紧贴战争形态演变趋势和网电作战威胁变化，大力推动网电空间态势感知、技术脑控、认知作战等战略性、颠覆性技术的预先研究。要突出网电作战装备技术研究。立足实战需求，瞄准敌方薄弱点、关键节点和自身能力短板，有重点地发展网电作战装备技术，以新装备建设为战斗力增长点，加速形成我军网电空间核心作战能力。

突出网电作战手段实战化检验。《美军电子战史·13个经验教训》中写道："通过试验和仿真，很难准确评估电子战系统和战术对敌方的作战效能，搁置不用的电子战系统将会失效。"美、俄等军事强国，都非常注重通过实战或对抗性演练来检验网电作战装备的效能。2015年，俄打击叙"伊斯兰国"武装时，首次运用"克拉苏哈4"等电子战装备，构建了软硬结合、侦扰一体的电磁进攻体系，有效压制"伊斯兰国"的无线电通信联络，致盲了美国和北约的天基、空基侦察监视系统，有力支援了精确火力打击行动。2017年5月，在美欧文堡国家训练中心，美军采取对抗演练的方法，对新装备的增强型背负式网电作战装备VROD和VMAX的性能进行对抗性检验，成功使参训的坦克部队指挥系统局部失灵，为下一步装备升级更新提供了可靠依据。网电作战装备的"弹药"是电磁波、定向能和数据流，作用机理具有很强的针对性，必须在技术发展上"因情施变、因敌而变"，必须遵循"以用促建"的思路，主动在实战化训练或近似实战战场上对新技术、新装备进行检验，不断完善，从而确保手段能用、管用、好用。

（原载于2017年12月19日《解放军报》军事论坛版，有删改）

基于末端效应解析战略网络战机理

张 珂 余志锋

战略网络战是针对国家信息基础设施和关键业务网络等战略级目标的新型网电作战手段,在基于网络信息体系的联合作战中发挥重要作用,也是直接实现国家战略目的的有效途径。以往相关研究大多着眼拓扑结构、网络协议、硬件功能、传播流程等深层技术问题,无形中对理解并掌握战略网络战造成了较高技术门槛。从末端效应"逆向"入手,以作战运用视角考量战略网络战可实现的最终效果,更有助于掌握其内在机理和基本方式,进而为合理决策及科学运用提供更为简明实用的理论支撑。

一、情报支援效应——数据信息域探秘截情

网络空间是以信息为核心要素的人造虚拟空间,主要用于存取、传输和处理数据化信息。当前,人类社会的绝大多数信息都以数据的形式承载于网络空间,由此形成的数据信息域具有极高的情报价值。情报斗争成为网络空间作战的基本着眼点,大量攻防行动均围绕其展开。

战略网络战在实际运用中,并非仅限于产生毁网或瘫网等"显性"作战效应,还包括渗透至目标网络系统内部隐蔽获取高价值语义信息。在这一过程中,需要采取多种网络入侵、口令破解、链路劫持等攻击手

段，因此网络获情具有明显的"攻击"属性，已成为战略网络战的重要目的和常备职能。与人力情报收集、无线电侦听等传统情报侦察手段相比，基于战略网络战的网络获情具有成本较低、风险较小、成果显著等优势，平时能为国土防卫、外交斗争和政策制定提供决策依据；战时能为态势生成、目标识别和定点清除提供情报来源，是主要军事强国贯穿平战的首要获情手段。

方式一：回传终端信息。首先采用口令破解、恶意程序植入、缓冲区溢出攻击等手段，或直接利用系统漏洞，获取计算机、服务器等目标终端访问权限；其次查找重要信息，打包后采用隐蔽发送或移动存储设备"摆渡"的方式，回传至网络中的指定位置；最终对回传的信息进行深入分析，从中挖掘有用情报。该方式主要用于定点获取存储于敌方重要网络终端的高价值情报，关键在于选准目标并取得相应权限，需要预先摸排目标情况，合理筹划渗透途径。在"扬基鹿弹"事件中，美军即遭受此类攻击：驻阿富汗喀布尔基地的一台办公计算机插入了预置有蠕虫病毒的移动存储设备，导致美国中央司令部内网大面积"中招"，多台计算机在非受控状态下不断尝试向某一外部网络节点传送信息。

方式二：截获链路数据。首先入侵目标网络的路由器等枢纽节点，插入信息链路之中或有意改变信息传输路径；其次监控链路中的数据流，截获特定用户或特定内容的会话数据；最终对所获取数据进行解析，从中提取有用情报。该方式主要用于截获传输于目标网络中的重要数据化信息，需要在事先设伏的基础上合理筛选海量数据，并对加密数据进行破解及还原。在伊拉克战场的平叛作战中，美国国家安全局实施了此类攻击：入侵目标网络交换节点，从中截获叛乱组织头目的手机通话和电子邮件记录并分析其内容，为特种作战力量的"猎杀"行动提供可靠的情报支援。

二、网系扰瘫效应——网络运维域阻流瘫点

网络运维域是网络空间的物质基础，由各类服务器、交换设备、传输设备等信息基础设施组成，发挥根本性支撑的作用。信息时代，金融、能源、通信、传媒等事关国计民生的领域无不依附于网络并以网络化形式运行，相关信息基础设施一旦失调，极有可能导致社会停滞、国家瘫痪。

扰瘫敌方关键网络是战略网络战支援联合作战和国家级体系对抗的主要方式。扰瘫类战略网络战的主要目标并非敌方信息化作战体系，而是金融、能源、通信、传媒等关键业务网中的重要基础设施，尤其是维系网络运行的主干链路和要害节点。此类攻击可阻滞敌方社会经济体系运转，进而破坏国防动员、兵力调度、后勤物流等军事能力，并降低民心士气和战争潜力，以此为己方顺利实施主要联合作战行动及实现国家战略目的扫清障碍、创造条件。

方式一：耗尽系统资源。利用网络的广泛连通性及通信协议中的固有规则，精心设计一定数量的"异态"报文并发送至目标设备，使其处于长时间等待或重复响应状态而无法正常提供服务；或是在主干链路中产生大量无用数据，挤占计算资源和传输带宽，导致网络瘫痪。该方式具有无须获取系统权限和攻击见效快的优势；在实施层面需要提前掌握敌方网络通信协议中的漏洞，并制订针对目标防护及溯源措施的具体攻击方案。在俄格冲突中，格鲁吉亚政府、传媒、金融和军队系统 50 多家重要网站因受大规模分布式拒接服务攻击而直接瘫痪，导致格鲁吉亚政府几乎停摆，甚至连外交工作都受到影响，难以与盟国进行有效沟通；其军队指挥控制能力也被严重削弱，一线部队因无法及时收到上级指令而难以有效组织抗击行动。

方式二：清除重要信息。与网络获情中的终端信息回传类似，该攻击

方式以存储有重要信息的网络终端为目标，以获取目标控制权限为必要前提，但最终目的是批量清除目标终端内的存储信息，使敌方网络因丢失关键信息而瞬间瘫痪。该方式一旦奏效，将对目标产生难以恢复的影响，并可能引发重大政治经济损失。2012 年，伊朗因核问题与西方国家展开多轮网络对抗：美国国家安全局和以色列 8200 部队使用"火焰"病毒攻击伊朗石油部和国家石油公司网络，获取系统权限后清除了其网内大量计算机的存储数据，几乎使伊朗石油行业瘫痪；作为报复，伊朗使用自主开发的"沙蒙"病毒攻击沙特阿美石油公司（沙特阿拉伯与美国合资）网络，约 3 万部硬盘被恶意格式化，导致该公司暂停运营数周。

三、实体操纵效应——设备管控域制权毁体

工业控制系统主要用于机电设备自动化控制和业务流程智能化管理，在大型制造、电力、水利、交通等现代社会命脉行业中发挥重要管控作用。设备管控域由各类工业控制系统组成，是网络运维域和实体设备群之间必不可少的"信息介质"，其运转状态事关行业稳定和国家安全。

近年来，设备控制域的战略价值得到了多数国家的高度重视，围绕工业控制系统的网络攻防成为网电战又一重要领域。在设备管控域运用网络战手段实现实体操纵，具有以虚制实、直达破击的战略效应。现代化工业控制系统具有数字化和网络化属性，可实现互连互通互操作。实体操纵类战略网络战正是以此为基础，通过入侵关键行业中的工业控制系统，实现对生产加工设备、输变电设备、供水设备、铁路信号设备等重要受控实体的操纵，直接扰乱甚至中断该行业的正常运转，进而导致发生社会动荡、国家发展受阻等严重次生效应。

方式一：扰乱受控设备正常运转。工业控制系统大多以专用内网的形式运行，通常与因特网实施物理隔离，且具有较为独特的通信协议。采用该攻击方式，首先需要探明目标工业控制系统的网络拓扑结构、与外网通联方式、通信协议等信息，发掘其中的安全漏洞；其次利用更新程序、修复系统等机会向目标关键组件注入恶意程序，改写原控制代码或直接取得管控权限；最后在特定时机强制改变其工作状态，扰乱该行业正常运行，由此生成次生灾害。2015年年底，乌克兰两家主要电力公司遭受此类攻击：攻击者取得电网主控系统部分控制权限后强行断开多个断路器，导致数十座大型变电站"掉线"，引发较长时间的大范围停电事故，超过80000名民众受到影响。

方式二：对受控设备形成物理毁伤。该攻击方式同样以改写工业控制系统原控制代码或直接取得管控权限为前提条件，该方式的不同之处在于，此后要对受控设备采取一系列非常规操作，使其因超出性能极限而产生不可逆转的物理毁伤。形成物理毁伤的条件较为苛刻，需要充分考虑工业控制系统的状态监控功能、受控设备的容错机制和恢复能力等因素，并据此筹划辅助攻击手段，配合主要攻击行动。在"震网"事件中，攻击者专门运用恶意程序拦截伊朗核设施设备监视系统的报警信号，并伪造离心机正常运转的状态数据，以此掩盖攻击行动；在此基础上，入侵控制系统并取得转速控制权限，通过超常设置转速，使数千台离心机因超速过载或低速共振而彻底报废，有效延迟了伊朗的核武器制造进程。

四、认知塑造效应——网络受众域攻心控局

网络空间对各类社会活动呈现全渗透、全覆盖之势，已成为信息时代文化理念碰撞和意识形态对抗的主战场。网络受众域由使用网络的信息受

众组成，是信息化社会最庞大、最活跃且最易鼓动的群体，其认知倾向和集体行为事关社会稳定和国家安全。

通过网络受众域塑造有利于己方战略利益的群体认知，是战略网络战的高级形式。当前，人们普遍通过网络空间参与政治、经济、文化等社会活动，其认知与行为深受网络信息影响。认知塑造类战略网络战充分利用了网络空间的社会"风向标"作用，通过信息植入、披露等手段对大批目标受众实施心理冲击或行为导控，扰乱甚至操纵其认知和行动，有意诱发群体性事件甚至左右政局走向，引起国家动乱。在利比亚危机、美韩政要信息泄露事件等政治风暴中，认知塑造类战略网络战均起到了推波助澜的作用，催生了信息时代"不战而胜"的全新斗争模式。

方式一：植入式发布攻心信息。该攻击方式以具有较高关注度和影响力的网络发布平台为目标，如重要官方机构或知名公众人物的网站和社交媒体。实现过程为：采用技术手段获取目标控制权限后，向其植入特定信息并广域发布，以官方宣布或权威人士表态的假象，向网络受众域推送鼓动类信息，形成认知诱导效应；或是直接以威慑性信息覆盖原有发布内容，形成心理震慑效应。2014 年，乌克兰总统选举期间，亲俄黑客组织"赛博金雕"入侵乌克兰中央选举委员会网站，发布极右翼分子德米特里·亚罗什当选的假消息，在乌克兰乃至整个欧洲掀起轩然大波，严重影响乌克兰政府公信力，使其政治生态进一步恶化。2015 年，"伊斯兰国"黑客组织"赛博哈里发"入侵美国中央司令部"推特"账号，在页面上留言称"我们掌握你们的一切信息，包括你们的妻子和孩子"，并公布了多名官兵的家庭住址和私人照片，对美军形成了一定程度的心理震慑。

方式二：支援重大事件披露活动。该方式建立在网络获情的基础上，以政要的移动电话、办公电脑等存储有重要机密信息的网络节点为目标，从中获取未经披露的敏感信息后，通过具有较高关注度的网络发布平台予以适时公布，旨在获取最具传播力和震撼力的信息披露效果，进而在网络受众域形成广域认知诱导效应。2016年，美国总统选举期间，希拉里团队骨干成员约翰·博德斯塔遭受"钓鱼邮件"攻击，攻击方获取了数千封重要邮件并转交给"维基解密"网站。票选前夕，该网站连续披露有关美国政府默许沙特和卡塔尔资助"伊斯兰国"，以及"克林顿基金会"接受巨额政治献金等事件，直接影响选情并导致希拉里败选。

（节选自国家社科基金项目 16GJ003-177 研究报告，有删改）

对网络空间基本行动样式的思考

余志锋

在世界多极化、经济全球化、文化多样化深入发展,全球治理体系深刻变革的背景下,人类迎来了信息革命的新时代。当前,世界主要国家围绕网络空间发展权、主导权、控制权展开新一轮战略角逐,网络空间呈现出发展与竞争、用合作与对抗的复杂局面。信息网络在推动经济社会发展的同时,也强制性地改变着战争形态,成为国家安全新边疆、战略博弈新领域、军事斗争新战场和社会稳定新阵地。

一、当前网络空间安全面临的基本形势

国家关键基础设施安全成为各国战略关注的重点。由于关键基础设施安全涉及金融、能源、交通、政务等国计民生领域,影响国家安全全局,信息资源和关键信息基础设施已成为国家发展的重要的战略资产和核心要素。世界主要国家高度关注关键基础设施安全在网络安全问题中的突出地位,积极推动相关法制建设,加快网络空间安全技术升级,确保国家关键信息基础设施和核心数据、信息运行安全。美国国土安全部于 2014 年出台《提升关键基础设施网络安全框架》,积极推动建立关键基础设施网络安全的立法程序和制度。2017 年年初,特朗普签署《增强联邦政府网络与关键

性基础设施网络空间安全》总统行政令，要求在联邦政府之间建立多项网络安全评估指标，要求政府各机构注重积极采纳美国私营企业在网络安全方面好的做法和实践经验，进一步确保各政府部门及各重要领域的网络安全。2017 年 12 月 18 日，美国白宫公布《国家安全战略》，其中指出：美国网络安全的重心是国家关键基础设施，必须积极采取多方措施应对三种威胁。一是中国和俄罗斯网络空间实力不断提升对美国关键基础设施形成的潜在威胁，二是伊朗、朝鲜等国运用自行研制或违法采购的网络武器对美国关键基础设施进行灾难性攻击的威胁，三是一些非国家实体的高级持续性威胁（APT）对美国网络基础设施安全构成的直接威胁。此外，美国近年来还出台了《金融机构的网络安全规则》《关键基础设施保护的可靠性指标》等规章制度，进一步突出网络基础设施的安全性。2017 年 10 月，澳大利亚发布《关键基础设施安全法案 2017》，旨在加强政府对于外资投资建设的国家关键基础设施的管理能力。

美国网络空间战略威慑思想逐步形成体系。 在全球网络威慑理论尚存在疑义和分歧的大背景下，美国为夺取网络空间的绝对领导权和网络空间作战中的绝对优势，率先提出网络威慑思想，发布网络威慑纲领性文件，加强网络安全前沿技术应用，推动网络威胁情报信息共享，大力推进网络追踪溯源和精确毁瘫技术发展，美国网络威慑战略基点正由攻防并重向"以攻为主、先发制人"转变。2015 年，美国出台新版《网络空间战略》，正式以官方文件对"网络威慑"进行具体阐述，将网络威慑确立为网络战略的重要行动。《网络空间战略》指出：应综合采取拒止性威慑和惩罚性威慑两种手段，既要加强自身网络信息基础设施的弹性防御能力，又要使潜在对手真正认识到对美国实施网络攻击将承担严重的报复后果，达到综合威慑的效应。2016 年，美白白宫发布《网络空间威慑战略》，要求采取"整个政府层面"乃至"整个国家层面"的多元性方法来慑止网络威胁。2017 年 5 月,美国总统特朗普签署《网络空间安全行政令》,要求加强联邦政府网络、关键基础设施网络、民用网络空间安全,并将联邦政府网络设施转向云服务,以便更好应对网络攻击威胁。2018 年 2 月 2 日,美国发布新版《核态势评估》,报告声称将放宽核武使用限制,指出如果美国基础设施遭受严重网络攻击,美国也可能会使用核武器进行反击。可以预见,美国网络空间战略威慑思想的"进攻性"越发明显,美太空、核、网络三位一体威慑战略正加速形成。

美国积极打造网络空间军事同盟。美国国防部发布的《网络空间行动战略》指出:美国必须加强与盟友及伙伴在网络空间领域的国际合作,即与盟友和国际伙伴构建集体网络防御,增强对恶意行动的感知,对抗网络攻击。近年来,美国积极推动由其主导的"北约"网络空间集体防御,通过与盟国和国防伙伴建立密切一体的协作关系,打造网络集体防御体系,以提升对网络攻击活动的感知、防御和反制能力。2017 年 6 月 30 日,北约秘书长延斯·斯托尔腾贝格在北约部长级会议上明确表示:"网络"属于军事领域,属于北约各国的集体防御范畴,针对某一盟国的网络攻击即可视为针对全体北约国家的攻击。美国已与澳大利亚签署网络防御双边条约,积极吸纳日本、韩国参加网络空间作战演习,甚至在《日美安保条约》中明确规定双方网络安全的互助职责。2018 年 10 月,美国与日本、澳大利亚签署三方信息共享协议,进一步深化网络安全领域合作。近年来,美国在其发布的《空海一体战》等国防报告中明确,要把网络空间作战作为联合介入和区域控制的重要手段,在由美国国防部组织的"网络夺旗"等演习中,多次出现美国运用网络空间作战力量介入南海冲突的想定场景。

大国网络战力量发展进入新一轮优化加速期。美军网络空间军事力量,按任务性质可分为"国家任务部队""网络防御部队""作战任务部队"三类,"国家任务部队"负责保护国家的关键信息基础设施安全,"网络防御部队"负责保护美国军用计算机网络系统安全,"作战任务部队"负责实施网络攻击行动。截至 2018 年 5 月底,美国共建立 133 支网络战专业部队,其中国家任务部队 21 支、作战任务部队 44 支、网络防御部队 68 支,都由各军种负责建设(陆军 41 支、海军 40 支、空军 39 支、陆战队 13 支),由网络司令部统一指挥。2017 年 2 月 27 日,俄罗斯国防部长绍伊古宣布,俄罗斯已组建担负网络空间作战任务的信息作战部队,其主要职能包括:对网络空间作战行动实施集中统一管理,保护俄罗斯的军用网络和节点、军事指挥系统及通信系统等免遭黑客攻击,确保建立可靠的信息传递通道,检验俄军的网络能力和拓展其在网络空间的行动能力,对抗西方的反俄信息/心理宣传和渗透等。当前,全球已有 50 余个国家宣布组建网络空间军事力量,一些国家的网络军事力量正在筹建之中,各国网络军事力量总体规模稳步增加、职能任务逐渐明确、组织体系日益清晰。

为推进网络军事力量体系发展,强化网络攻防整体作战能力,美国俄罗斯等大国纷纷推动网络空间作战指挥体制的构建优化,确保网络空间作战的规划、准备、和组织实施高效迅疾。美军在世界上率先确立了较为完备的网络空间作战领导指挥与协调机制,特朗普总统执政后,美进一步加大了网络空间作战指挥体制改革的力度。一是更加注重网络空间作战指挥的独立性和战略性。2017 年 8 月 18 日,为缩短网络空间作战指挥链、提升美军在网络空间领域的威慑和实战能力,美国国防部正式启动将美国网络司令部升级为一级战斗司令部的流程,美国网络司令部从战略司令部中独立,升级为与六大战区总部和三大职能司令部平级的第十大联合作战司令部,成为最高级别的司令部。二是更加注重优化战区网络空间作战指挥体系。为强化网络空间作战部队对战区作战行动的支援，美军在各战区联合作战司令部组建"联合网络中心"，主要负责统一指挥、组织和协调本战区内的网络空间作战行动，实现战区方向网络空间作战行动与其他传统领域作战行动充分融合。三是更加注重战术级网络空间作战与电子战等行动在指挥上的密切配合。2017 年 1 月，美国陆军在师一级新建网络电磁行动单元（CEMA），力求在战场层面更好地集成网络空间作战、电子战、频谱管理等行动，实现战场网络战行动与电子战、频谱管控及其他行动的能力高效集成。2017 年 4 月，美国陆军发布 FM3-12《赛博空间作战与电子战行动》条令，在作战法规层面明确了战术层面组织实施网络空间作战的程序和方法，这标志着美国军种网络作战融入战场迈出了关键一步。受美军影响，俄军近年来开始注重网络空间作战指挥机构的整合，加强对网络空间作战行动的统一筹划和集中指挥。2012 年 1 月 15 日，俄罗斯总统普京签发《建立针对俄联邦信息资源网络攻击的探测、预警和消除体系》总统令，授权俄罗斯联邦安全局负责牵头应对国家层面的网络威胁。从 2013 年起，俄罗斯着手规划建设信息战（网络战）司令部，并于 2017 年 2 月正式成立，力求实现对网络空间作战行动实施统一管理指挥，保护俄罗斯军用网络和节点、军事指挥系统及通信系统的安全，检验俄军网络战能力，对抗西方的反俄网络宣传与渗透。

颠覆性技术加快推动网络对抗技术的升级跃变。西方大国积极推动大数据、云计算、智能处理等颠覆性技术在网络攻防中的应用，新概念、新机理、新技术手段不断涌现，网络空间作战范围、强度和影响逐渐增大，网络作战的方法方式不断改变，全球网络攻防技术进入快速发展的跃变阶段。在网络防御上，美国加强人工智能、量子加密等颠覆性技术在网络空间安全领域的应用，力求在根本上解决网络安全问题。美国空军推动"智能网络空间探测系统"开发，可实时评估网络的风险性和脆弱性。美国国防信息系统局强调利用机器深度学习实现网络安全运维、网络空间动态防御和网络空间态势感知等功能。近期，美能源部橡树岭国家实验室授权美国量子技术公司 Qubitekk 进行量子加密新技术研究，实现美国能源部门加密算法密钥技术换代，更好地保护能源信息基础设施安全。2017 年 4 月和 5 月，美国国防部高级研究计划局（DARPA）先后发布"集成系统安全的硬件与固件""网络可信系统工程"两个项目，旨在从设计和硬件、固件层面解决权限错误、缓冲区错误、信息泄露、数字错误、加密错误、代码注入漏洞等安全问题，全面提升嵌入式系统安全，从机理上改变传统的网络安全方案，摆脱"猫鼠游戏"的被动局面。此外，美国通过改进加密等技术升级进一步解决作战平台的网络安全问题。美国海军于近期选择洛克希德国·马丁公司为其 20 架 C-130T 运输机提供数据完整性检验及网络安全服务，对机载通信组件、飞行管理系统、自动飞行控制系统等进行升级，确保战场网络信息系统安全。美国计划在 2021 年年底前为美国空军先进窄带数字话音终端和 VINSON 系列语音设备配备最新的终端加密单元，为 UHF 和 VHF 电台、UHF 卫星战术通信网提供战术安全话音通信。美军计划提升天基红外系统（SBIRS）自主防御能力以确保天基系统网络安全。在网络侦察上，美国注重利用全球信息枢纽的优势，打造全球网络通信数据监控能力，在重要数据交换节点上大规模收集基础性数据，注重与国内大型网络运营商进行"无缝对接"，加强军地间、部门间和盟国间深度信息合作与数据共享，获取所需的相关数据。在此基础上，积极发展"ADVISE"网络数据挖掘系统，形成信息关联筛选、视频自动甄别等大数据分析处理能力，便于从海量数据中获取有价值的信息，并整合成高价值情报。在网络进攻方面，美国重点发展数字大炮、赛博飞行器、智能病毒等尖端网络战手段，力求形成全球反制、精确毁瘫、区域攻击的网络作战能力。美国"舒特"战场网络攻击系统已发展到第五阶段，并在2007年以色列"果园行动"和2011年美军"奥德赛黎明"行动中两次崭露锋芒。此外，美军还正在积极研发纳米机器人、嗜硅微生物、电磁脉冲攻击等新概念网络战武器，美国空军2017年推出三份高功率电磁网络（HPEM CEWA）研究合同，旨在探索高功率电磁技术攻击物理隔离军事战场网络方法。近年来，美国国防部牵头开展"漏洞赏金"计划，谷歌、脸书、甲骨文等公司都加入了该计划，为美军利用漏洞研制武器提供支持。美军已掌握多种类型处理器的木马植入技术，且具备跨网遥控激活能力。近期，美国明确提出发展"全局物理隔离网侵入能力"，在F-22、F-35等平台中植入网络战系统，建立"近战接入、无线召唤、远程遥控"的攻击模式。

二、网络空间基本作战样式的思考

世界主要国家尤其是美国、俄罗斯已经形成了相对完善的网络空间作战条令条例和理论体系，并在其指导下开展了大量的网络空间作战实践活动。可以预见，在信息化条件下，网络信息系统将成为未来战争的首选目标，网络空间作战瓦潜撼基、击要瘫体、慑战攻心，将深刻影响未来战争的作战方式和制胜机理，成为信息化战争的关键制胜领域。当前，网络空间作战的主要表现形式有以下几点。

组织独立实施网络攻击行动达成战略目的。 通过对敌对国家互联网基础设施等战略网络目标实施隐蔽精确攻击，可以策应政治、外交领域的斗争，制衡慑控对手，有效防范和遏制网络空间危机，直接达成战略目的。2010年6月，美国利用"震网"病毒不费一兵一卒就破坏了伊朗核设施。

行动主要有四个阶段：一是确定攻击目标，对伊朗核设施相关目标开展卫星侦察，精心选取纳坦兹核设施作为头号目标；二是测试病毒武器，美国、以色列联手历时两年研制了"震网"病毒，同时利用多种先进计算机技术，在以色列迪莫纳核基地对各种攻击病毒模型展开测试，以确保病毒能对伊朗核设施内的离心机造成有效破坏；三是隐蔽传播病毒，利用间谍手段，通过 U 盘摆渡等网络渗透技术，将病毒植入与互联网物理隔离的核设施计算机系统中；四是攻击核心目标，经隐蔽传播，伊郎境内核设施系统大部分计算机被感染后，开始对核设施网络发起攻击，使离心机转子失稳自毁。整个攻击行动组织筹划严密、战术运用得当，是一次典型的由网络域向物理域发起攻击的跨域作战行动，不费一兵一卒，达成中断伊朗核进程的战略目的。

组织精确网络攻击支援配合联合作战行动。通过对敌方道路、机场、港口、军工等涉及战争潜力的目标实施攻击，可以影响敌方兵力调动、物资补给和军心士气，对联合作战火力打击、兵力突击行动提供有力支援。2008 年 8 月 8 日—12 日，俄罗斯以保护当地民众为由，派兵进入南奥塞梯地区与格鲁吉亚军队展开激战，伴随战争同步发起对格鲁吉亚媒体、通信、交通运输、金融系统等互联网设施的大规模网络攻击，使格鲁吉亚丧失了对出入境网站流量的控制及域名解析能力，格鲁吉亚外交部、内政部、多家新闻机构网站因服务器中断而无法正常进行舆论宣传与引导，格鲁吉亚国际、国内金融业务几乎全面停止，格鲁吉亚公路交通网络受到攻击导致严重瘫痪。俄罗斯网络空间作战行动与实体空间作战行动精确同步，有效策应了俄军的正面突击行动。2018 年 6 月 8 日，美军颁布新版《联合网络空间作战》条令，进一步明确联合作战背景下网络空间作战的任务，阐述了联合作战中网络空间作战的指挥、筹划与控制，明确网络空间作战计划制订的相关细则，这为下一步美军网络作战能力加速融入联合作战提供了基本法规依据和理论支持。

组织实施网络反恐作战行动。 2015 年以来，美国国防部调整打击"伊斯兰国"方式，逐步实施利用网电作战手段来攻击"伊斯兰国"并破坏其指控能力。美国国防部宣称：对"伊斯兰国"实施网络攻击作战应成为美网络空间作战部队的常设任务之一，主要由国家任务部队负责完成，通过网络攻击扰乱他们指挥武装力量的能力，干扰他们策划阴谋的能力，削弱他们的财力及雇佣士兵的能力。美军以"伊斯兰国"控制的区域为重点，对"伊斯兰国"网络组织"网络哈里发"的网上行动进行侦察监控，对"伊斯兰国"黑客的网络攻击行动进行溯源定位，监听侦察其指挥人员动向，对宣传暴恐视频的网站和账户进行封控，对其利用网络实施的通信进行解密和扰断，查实并冻结组织资金账户，破坏其通过网络进行宣传、指挥和控制的能力。2015 年 6 月 1 日，美国空军发言人宣布，美国空军成功通过网上侦察击毁"伊斯兰国"的一个隐蔽指挥所。佛罗里达赫尔伯特空军基地的 361 号作战小组，在网上发现"伊斯兰国"组织成员在网上发表的自拍照片和评论，通过照片元数据分析、情报融合和侦察定位，在照片上传 22 小时内，美国空军投放了三枚精确制导炸弹摧毁了该指挥所。2016 年 4 月，美国中央情报局在一次专题会议上公布：网络空间作战行动成功干扰了"伊斯兰国"的指挥控制和通信，发挥了重要作用。

组织网络认知引导作战影响政治军事走向。 网络空间具有紧密关联的四大属性，即实体属性、频谱属性、逻辑属性和社会属性。其中，社会属性的对抗将直接表现为认知域攻击。认知域攻击主要以"意志"臣服对手，可能改变以"武力"臣服对手的战争模式。通过对美国从 1966 年由林登·约翰逊总统签署的《信息自由法》到后届历任总统发布的第 12356 号、第 13233

号、第 13489 号和第 13526 号行政令，由 2003 年发布的《保障网络空间安全的国家战略》，再到 2011 年发布的《网络空间国际战略》等相关文件的分析，我们认为美国国家网络空间安全战略经历了一个从"开放"到"控制"再到"塑造"的梯次发展过程。以美国《网络空间国际战略》的核心概念——"互联网自由"为例，其要点在于它是通过对全球网络空间信息流动环境贯彻美国外交政策的工具。中东北非"茉莉花革命"、谷歌公司的种种行为就是践行这种概念的典型案例。

（节选自"2018 网络信息体系与未来战争"研讨会主题报告，有删改）

抢占新时代军事斗争前沿
——关注电子对抗进入新的发展阶段

余大斌　黄国畅

电子对抗因顺应时代潮流而登上战争舞台，因契合时代需要而迅速发展壮大，因紧贴时代脉搏而始终走在前沿。当前，战争形态正经历深度变革，战场面貌已发生根本变化，历百年而弥新的电子对抗进入前所未有的新发展阶段。"适者赢"不仅是生物进化的法则，更是军事斗争发展进化的铁律。电子对抗若要在激烈的进化之争中脱颖而出，必须明确自身的时代坐标，认清面临的严峻挑战，找准跃升机遇，回答"如何适应""怎样胜出"的时代考问。

一、现代战争的"保护伞""倍增器"

历经百余年对抗斗争的电子对抗，磨砺出极强的适应力和制胜力，不仅是现代战争的"保护伞""倍增器"，更是改变战争规则，引导战局走向，乃至重塑国家安全观念的新型作战手段。

电磁攻防手段已成标配。 战争实践反复证明，忽视电子对抗将会处处被动，错失良机；善用电子对抗则有助于事半功倍地主导胜局。当前，电子对抗已从诞生之初的辅助保障行动发展为不可或缺的主战支撑行动，

"打头阵、贯全程"的地位深入人心。区域遮断、电子摧毁、随伴随扰等电磁领域攻防能力，成为衡量一支军队战斗力强弱的标准配置甚至是托底手段。叙利亚战争爆发后，面对具有代差性劣势的对手，俄罗斯仍在电磁斗争领域严阵以待，动用大批先进电子对抗装备，在机场、港口等要点构筑电磁屏障，建立绝对电磁优势，来确保前线部队和作战行动的安全。实践再次证明，传统军队的标配是强大的火力和机动力，现代军队必须把电磁攻防力列入标配清单。

专属作战样式基本成型。在新一轮军事变革的驱动下，电子对抗力量集信号侦察、电子攻击、电子防护和频谱管控四大核心职能于一体，形成较为完备的体系化侦攻防控能力，能够利用电磁空间独立实现特定作战目的，使电子对抗逐步转变为专属作战样式。近年来，纷至沓来的"频谱作战""电磁战"等新作战概念，其核心要义都强调融合基于电磁频谱的感知、欺骗和干扰等行动，围绕电子对抗打造电磁领域独立作战样式，在作战规模和强度严格受限的条件下掌控战场优势。电子对抗由作战行动向作战样式升级，契合自身发展建设规律，顺应战争形态演变趋势，这体现了电子对抗的制胜能力。

战略威慑潜质初步展现。信息时代，各类电子信息系统已成为现代化国家和军队正常运转的基石，一旦大面积失效或关键节点被毁，将会导致整个军队乃至国家难以正常运转。与此同时，以电磁脉冲攻击和高能激光攻击为代表的新概念电子对抗手段进入电磁打击"武器库"，专门针对电子设备的面毁伤和点清除能力初步形成，电子对抗的战略威慑潜质正在显现。目前，非核爆电磁脉冲弹和战略激光武器的实用化进程正在加速推进，大面积毁瘫电子设备和定点致盲敌方卫星等震慑作战构想逐步成型。基于战略级电子攻击能力的电磁威慑，准确扼住了现代社会的信息命脉，无疑将成为革命性的新型威慑方式,也将电子对抗的制胜作用提升到了战略全局的高度。

二、"难掌控""难协同"问题日渐凸显

电子对抗的发展历程从来都不是一片坦途。当前,面对更加先进的作战对象、更加复杂的战场环境、更加精密的协同要求,电子对抗"难掌控""难协同"的问题日渐凸显。在新一轮进化之争中,电子对抗面临的挑战不容乐观。

电子防御技术不断升级。在电磁斗争领域,新的用频技术或设备总是优先用于提升反侦察、抗干扰能力,随后才有可能出现与之抗衡的电子对抗手段。这种客观规律,决定了电子对抗方相对频谱运用方的天然滞后性。在新兴电子信息技术的推动下,通信、雷达、导航等用频设备的技术体制不断升级,已将现有电子侦察和攻击手段甩开数个"身位"。"低至零功率"设备、类噪声信号调制等先进技术,使电子对抗陷入"侦察无果""干扰无效"的困局,导致一批传统侦扰设备面临淘汰。技术性能决定战术能力,左右作战效果,影响战争结局。先进电磁应用技术带来的技术鸿沟直接限制了电子对抗作战效能,对夺控战场制电磁权形成根本性影响。如果不能尽快实现技术赶超,攻防差距还将进一步拉大,以电子攻击降低强敌信息化作战能力的设想便难以实现。

电磁态势塑造能力欠缺。胜战之师,不仅需要因地制宜、顺应态势,还要善于掌控全局、塑造态势。电磁态势是电子对抗的具体作战环境,更是需要通过电子对抗行动加以掌控和主动塑造的对象。但传统理念主要强调对战场电磁态势的适应和利用,被动应对居多,主动塑造欠缺。然而,

信息化战场的电磁态势呈现出信号密集多变、网系复杂交织、敌我界限模糊、时空转换迅速的特性，传统单点式信号侦察和干扰压制效果极易被"冲淡"，一味被动应对的电子对抗将被高度复杂的态势所"淹没"。善弈者，谋势；不善弈者，谋子。当前，电子对抗急需跃至电磁态势"之上"，完成从"棋子"向"棋手"的转变，在"任势"的基础上实现"造势"，主动塑造有利于夺取制电磁权乃至战场综合控制权的有利电磁态势。

联合跨域协同难度增大。 电子对抗是联合作战的重要组成部分，主要着眼抢夺联合制胜先机，支援和配合其他军兵种行动，通过跨域施效体现作战效能。基于网络信息体系的联合作战力量构成更加复杂，涉及领域更加多维，行动筹划更加严密，对电子对抗跨域协同的广度、深度和精度提出了更高要求。在俄格冲突中，俄军在占据绝对力量优势的条件下，因对地干扰压制与空中突防行动未能有效协调，导致数架苏-25攻击机和图-22M轰炸机在短时间内被敌方防空部队连续击落，遭受了"不应有之"的重大损失。这一事件充分说明，电子对抗能否真正融入联合、有效服务联合，关键在于协同，一旦"失协"，很可能导致严重后果。面对繁重的支援任务、精准的配合需求，电子对抗的跨域协同之路任重道远。

三、抓住大变革、大发展的跃升机遇

历史车轮绝不等待犹豫者、懈怠者，时代潮流只会眷顾敏锐者、奋进者。电子对抗的发展之路机遇和挑战并存，机遇始终蕴含于挑战之中。在战争形态演变、前沿技术井喷的时代背景下，电子对抗正迎来大变革、大发展的机遇期，"适者赢"的进化规律又一次将指针偏向了电子对抗。

新型战争模式迫切需求。近年来，世界各地局部冲突呈现模糊化、低烈度的趋势，两军对垒、攻城略地日渐鲜见，有限介入、控局慑战成为主流。在"混合战争""灰区作战"等新型战争模式中，大规模兵力突击、饱和式火力打击等传统作战行动受限，而电子对抗具有施效迅捷、难以溯源、有限扰瘫的特点，无疑将成为制胜未来战争的理想选择。克里米亚危机期间，俄罗斯基于"有限军事介入"方针，投入"里尔-3""鲍里索格列布斯克-2"等先进电子对抗装备，对移动通信、卫星导航等关键目标实施干扰压制，有效削弱了对手的战争动员和指挥控制能力，态势塑造与危机遏制效果显著。可以断言，战争模式将发生深刻变化，军队在未来战争中极有可能"戴着镣铐跳舞"，迫切需要反应速度快、使用门槛低、附带毁伤小的行动样式，电子对抗将大有用武之地。

前沿科技井喷有力助推。在新一轮科技革命和产业革命的推动下，以人工智能、物联网、大数据、脉冲激光为代表的新兴技术不断涌现，不但在通信、导航、探测等领域发挥巨大作用，而且体现出愈发明显的对抗"基因"，成为信号侦察和电子攻击的全新"爆点"。近年来，认知电子战、分布式干扰、战场无线入侵、激光反导等先进技术项目，推动了电磁感知力、控制力和毁伤力的跃升，对电磁领域斗争模式产生了颠覆性影响。历史反复证明，科技革命往往是军事革命的序曲。井喷之势的技术创新为电子对抗带来了宝贵的跃升机遇。可以预见，电子信息技术"爆点"的应用转化必定引发电磁斗争领域的重大变革，智能化、蜂群化、灵巧化、高能化的电子对抗新发展阶段即将到来。

顶层发展战略强势引领。在新一轮军事变革中，在世界主要国家军队纷纷压缩规模、精简结构的大背景下，电子对抗却逆势而上，成为武装力量发展战略乃至国家安全顶层设计的重点建设领域，获得了有利的发展契机。2015 年 8 月，美国国防部成立电子战执行委员会，在国家层面对电子战进行顶层设计与战略规划。2017 年 1 月，美军推出全球首部电子战战略，正式将电磁频谱列为与陆、海、空、天、网并列的第六作战域，提出了电子战装备发展方向和能力生成模式，为电子战发展建设注入强大动力。对此，我们必须摒弃将电子对抗作为作战保障的落后观念，以塑造未来战争形态的历史责任，规划好电子对抗理论、装备技术、作战条令，在军事斗争实践中淬炼本领，锻造力量，主动适应新型战争模式和战场环境，抢占新时代军事斗争前沿。

（原载于 2018 年 2 月 13 日《解放军报》军事论坛版，有删改）

什么是电子对抗的制胜之钥
——对"联合打、打联合"对抗模式的思考

谈何易　王飞球

当人们在描述电子对抗的"倍增器"作用时,通常会列举第二次世界大战、越南战争中空袭飞机突破对方防空体系时的战损率,以有无电子对抗支援的效果对比来证明电子对抗的特殊作用。然而,此类战例反映的只是具体的、局部的电磁斗争,得出的结论往往在机械化战争中具有普遍性。在信息化战争中,电子对抗的作用对象拓展到了整个作战体系,其运用理念必须更加强调联合,方能有效夺取联合作战不可或缺的电磁频谱优势。

一、战斗力"倍增器"的作用对象拓展到整个作战体系

在机械化战争中,电子对抗的作战对象通常只是相对分离的单部电台、雷达,即使再复杂一些,也仅停留在电台网、雷达网层面上。此类目标的电磁活动仅对另一方装甲兵、炮兵、航空兵等力量的具体作战行动构成局部威胁。电子对抗战斗力"倍增器"作用自然以支援配合的形式,展现为对其他军种战斗力、生存力的提升作用。因此,在很长时间内人们都将电子对抗列入作战保障范畴。

在信息化战场上,电子信息技术的广泛应用,将陆、海、空、天各维

空间的感知、传递、共享和目标引导等信息活动无缝连接成一体，从而赋予联合作战一体化的内涵。此时的电子对抗，不仅要继续在具体作战行动中，针对具体电子信息系统展开一如既往的针对性斗争，更需要破击对方一体化联合作战体系，影响其整体作战效能的形成与发挥，从而相应提升己方的整体战斗力。电子对抗战斗力"倍增器"的"倍增"对象自然也就从一枪一炮、一机一车拓展到整个作战体系。

因此，信息时代建设发展电子对抗力量，应当在继续强化提升各军兵种所属电子对抗支援配合能力的同时，着眼联合作战体系整体战斗力的消长，打造联合电子对抗能力。

二、电子对抗的客观属性对其联合运用提出特殊要求

人类及其一切社会活动的实体，都必须生存和活动于客观存在的物质空间内。其中，最为直观的就是陆、海、空、天地理空间，由此也区分出陆、海、空、天各军种类别。然而，人类的一切社会活动都是以信息为主导的物质与能量运动，地理空间中的运动物体能够以直观的物质存在和能量释放，展示其活动过程和瞬时状态。但信息活动却存在另一种表现形式，即人类感官难以直接全面感受的电磁活动。作为物质存在的特殊形式，这种没有质量且以光速传播的电磁活动，一方面全面渗透至陆、海、空、天各个角落，另一方面又能够超越地理空间的约束而自由存在。这些客观属性既为电子对抗的联合运用提供了便利条件，也对其提出了特殊要求。

联合运用各军种火力的目的，在于对效率和成本的追求。例如，针对岸滩阵地上的一座碉堡，可选择地面突击、水面火力支援、空中火力打击等多种手段予以摧毁，无论使用哪种手段都有确保摧毁目标的把握。与火

力打击相比，电子对抗的联合运用更多具有必然性，即使是针对某种电子信息活动，也要通过陆、海、空、天多个空间的电子对抗平台同时发力，才能达成相应的作战目的。这一特性甚至在机械化战争时期就已经显现。在诺曼底登陆作战中，盟军在加莱方向实施佯动的"幽灵"舰队，就同时使用了空飘球、加装干扰机的水面小艇和专门铺设干扰走廊的飞机，其干扰对象则聚焦德军部署在法国海岸的几部警戒雷达。联合多维空间平台的电子对抗手段攻击敌方一个或数个具体目标，使得电子对抗具备先天的联合作战属性。

信息化战场的信息活动更加强调共享性、互补性和复合性，旨在确保有效联合分布于各维地理空间的各军种力量和行动。此时的电子信息系统和相关信息活动也必然分布于各维空间，隶属于各军兵种部队，服务于各种作战行动及其各环节。电子对抗也必然以敌方联合作战体系为作战目标，致力于破坏其联合作战整体行动效能。"联合打、打联合"也就成为信息化战争中电子对抗作战运用的基本模式。

三、电子对抗应与网络对抗联起手来争夺信息优势

所谓网络，其物质形态仍然是相互联系的电缆和电磁波，这与传统的电话网、无线电网并无本质区别。然而，现代意义的网络之所以远远超越电话网、无线电网，关键在于对所传播信息的语义解析。各网络终端由于人工智能的介入，将先信号传输后人工解析的传统处理流程，改变为在传输信号的同时自动解析，并根据所解析的语义，自主引导更加复杂的行动。与其说网络因其构成形态而命名，不如说网络以反映人类社会活动的网络化而获名。因此可以认为，网络的出现和应用部分代替了人类社会活动中

人脑的信息处理工作,也部分代替了人的主观作用于客观的社会活动。伴随人工智能的进步,这种社会化、智能化的趋势更加明显。信息化战争正在由信号驱动的自动化,快速向信息内容驱动的无人化、智能化高级阶段发展。

那么,电子对抗与网络对抗的区别在哪里?电子对抗侦测的是敌方电磁信号,并以类似的信号欺骗敌方,或直接使用噪声信号将其淹没,同时防止敌方此类行动对己方的损害,对信号内所蕴含的信息内容并不关注。网络对抗侦测的却是网络连接的关系与权限,进而传递包含己方意识的信息,误导敌方网络及其终端产生错误判断,进而引发错误行为,同时防止敌方此类行动对己方的损害,至于信号的形式和语义格式则必须是已知确定的。

由此可见,电子对抗和网络对抗的优缺点正好互补,两者的联合可涵盖信息活动从感知、传递、处理到施效的完整链路,进而实现对信息活动主动权的全面夺控。网络电磁空间进一步提升了电磁空间原有的地位作用,网络电磁一体化联合行动必将成为信息化战争中最为激烈和最为关键的环节。

因此,既不能因为网络对抗的兴起而否定或取代电子对抗,也不能对传统电子对抗抱残守缺。电子对抗的发展应用需要从网电联合的角度出发,寻求新的增长点。

四、电子对抗从信息域向地理域的映射至关重要

电磁空间是电子对抗的主战场,基于电磁活动的信息及其活动是电子

对抗的直接作战目标。然而，电子对抗的效果必须体现在陆、海、空、天各维地理空间中，通过联合作战整体作战效果的提升或削弱，达成"跨域施效"的最终目的。因此，电子对抗从信息域向地理域的映射至关重要。通过"联合打、打联合"的电子对抗行动，在地理空间兵力火力的联合效果上得到反映，是制胜信息化战争的必经之道。

对于电子对抗而言，"联合打"只是形成电磁利剑的过程，"打联合"则是着眼敌方联合作战体系效能的发挥而确定打击目标。如果不注重从信息域到地理域的跨越，电子对抗在电磁空间里的一切博弈都失去了意义。对于陆、海、空、天各维地理空间的兵力火力行动而言，其联合的意义在于实现兵力火力机动打击协同一体，而联合的纽带则主要依靠电磁信息活动和网络信息活动。由此，联合作战的整体效能，包括信息化武器平台的作战效能就自然而然地与电磁信息活动建立起不可分割的联系。这种联系就是电子对抗在联合作战中克敌制胜的条件基础。建立在这种联系之上的"跨域施效"正是电子对抗"联合打、打联合"的本质要求。

反言之，在地理域中的兵力火力行动也能够对电子信息系统和电子对抗装备平台实施有形的实体损伤，进而影响电磁空间斗争。因此，在争夺制信息权的联合作战关键阶段，也需要联合各维地理空间的兵力火力摧毁敌方的侦测预警、导航定位、指挥通信和电子对抗平台等电子目标，打击敌方的电磁活动能力"宿主"，实现逆向"跨域"。而这一切都可以从 1938 年毛泽东同志的《论持久战》中找到十分形象的诠释："我们要把敌人的眼睛和耳朵尽可能地封住，使他们变成瞎子和聋子，要把他们的指挥员的心尽可能地弄得混乱些，使他们变成疯子，用以争取自己的胜利"。

（原载于 2018 年 4 月 10 日《解放军报》军事论坛版，有删改）

现代战争电子对抗制胜机理解析

张 珂 周延安

自电子对抗正式登上战争舞台以来，对敌方用频设备实施干扰压制进而支援其他军兵种部队作战，长期被视为电子对抗的主要制胜机理。在现代战争中，电子对抗力量发展迅速，可对敌实施软杀伤与硬摧毁，并依托"撒手锏"装备逐渐形成战略支援作战能力；与此同时，电子对抗力量深度参与甚至主导联合作战部分阶段行动，其任务职能逐步向直接剥夺敌方作战能力拓展。在此背景下，有必要重新审视电子对抗制胜机理，从毁伤、欺骗与威慑三方面进行解析，以此为现代战争电子对抗提供更为明确的理论指导。

一、电磁毁伤可在物理域瘫痪敌电子信息系统的信息保障功能，通过降低敌方信息力使其战斗力衰减

电磁毁伤是以电磁能、定向能为主的技术手段对敌方电子信息系统实施软杀伤和硬摧毁的电子对抗行动，主要包括电子摧毁与压制性干扰。在现代战争中，信息力是军队的核心作战能力，其生成与释放主要建立在电子信息系统的信息保障功能之上，电磁毁伤可在信号层面与实体层面遮断敌方关键信息链路、破击敌方重要信息网络，进而部分或彻底瘫痪敌方信

息保障功能，使敌方因信息力下降而战斗力衰减。

瘫敌预警探测系统，迷茫信息感知。预警探测系统是人类感官在现代战争中的有效延伸，一旦功能受损，对于整个信息化作战体系运行的影响就相当于听力、视力下降对人感知与行动的影响。电磁毁伤是瘫痪敌预警探测系统的有效手段。以反辐射武器打击敌方有源侦察设备的信号发射模块（如雷达发射天线），可致其无法发射探测信号；以电子干扰装备对敌方侦察设备信号接收模块实施压制，可致其在一定时空范围内无法有效识别、提取有用信号。运用电磁毁伤瘫痪敌预警探测系统，可通过降低敌方作战体系获取战场信息的质与量致敌于感知迷茫，从而有助于对敌形成信息感知优势，在限制敌方作战体系效能发挥的同时，可有效提升己方作战决策的选择余地与作战行动的自由程度。耗散结构论认为系统只有从外界摄入充足负熵才能克服由内部熵增加引起的无序，进而实现对外部环境的有效适应与自我进化。瘫痪敌预警探测系统使其无法有效获取战场信息，相当于限制敌方作战体系摄入负熵流。当负熵的摄入量，即所获取战场信息的质与量降低到一定程度时，敌方作战体系运行将陷入无序状态，无法有效应对战场态势变化，相关作战能力也将大幅衰减甚至瘫痪，突出体现为：指挥员判断失误，甚至无法实施情况判断；部队进攻与防御范围缩减，行动的盲目性与风险性增大；众多信息化装备失去用武之地等。

瘫敌信息传输系统，隔断相互关联。信息传输系统之于作战体系犹如神经系统之于人体，信息传输系统瘫痪意味着作战体系内部信息流受阻。电磁毁伤同样是现代战争中瘫痪敌方信息传输系统的有效手段。对敌方信号接收设备实施干扰压制，可降低或破坏其接收通信信号的效能；对敌方中继站、交换机等信息传输的中枢节点实施电子摧毁，可致敌方链路中断、网络瘫痪；以一定技术手段破坏敌方信道，可致敌方相关信息传输设备无法使用，如释放光学烟幕遮断光信道，使敌方激光制导、激光通信设备失效。运用电磁毁伤瘫痪敌方信息传输系统，本质上是对敌方信息结构力的削弱或破坏，隔断的是敌方"传感器""决策者"及"射手"间的情报信息流与调控信息流，能够有效置敌方作战体系于结构坍塌、功能还原的困境，为强化己方行动优势奠定基础。一方面，阻断敌方情报信息流意味着敌方作战体系从外界摄入的负熵不能深入体系内部，将影响指挥机构与各作战单元的效能发挥。态势情报难以送达指挥机构将导致指挥员无法全面及时地掌握战场态势，进而无法实施有效判断与决策；目标情报难以送达各作战单元或武器平台，将导致作战行动时效性下降、精确打击难以实施。另一方面，阻断敌方调控信息流将制约敌方体系作战能力的形成。在信息化条件下，各作战单元的集成联动是生成体系作战能力的前提，而集成联动的关键在于以顺畅的调控信息流引导物质流与能量流，即通过有效的指挥通信与协同通信将各作战单元聚合为一个有机整体，确保资源的合理调度与能量的高效释放。调控信息流受阻，将削弱敌方指挥机构对所属作战力量的掌控能力，使各作战单元陷入彼此孤立、相互割裂的境地，物质流与能量流将趋于停滞，集成联动也就难以实现。

瘫敌战争潜力系统，动摇能力根基。现代战争中，战争潜力系统与电子信息系统紧密相关。一类战争潜力目标本身就属于电子信息系统范畴，如移动通信、广播、电视等；另一类战争潜力目标的功能是为军事信息系统的正常运转提供支撑，如电力设施；再一类战争潜力目标高度依赖电子信息系统实现正常运转，如民航系统，而上述三类目标均可作为电磁毁伤对象。以电磁毁伤瘫痪敌战争潜力系统，可充分发挥电磁打击手段施效范围广、隐蔽性强、作战效益高、附带毁伤易控制的优势，从而更好地实现动摇敌战争体系根基、加速联合作战进程之目的，是在更大范围内夺取制电磁权进而促进联合作战整体制胜的有效途径。首先，对敌方民用公共信息系统实施大范围干扰压制，阻塞其日常通信与信息传播，既可扰乱目标区域民众正常生活秩序，使其滋生反战情绪，还可限制敌方政府对民众的舆论宣传力度，有助于己方掌控舆论主动。其次，运用电力网攻击力量对敌方电力设施实施毁伤，中断重点地区电力供应，能够有效阻滞当地社会生产生活的正常运转，在最大限度避免民众伤亡的同时动摇民心，还可从根源上削弱敌方相关军事设施的持续运行能力，使其作战体系效能衰减。最后，对敌方交通系统中的关键电子信息系统，如民航系统中的航空通信、航空管制雷达实施电磁毁伤，破坏其交通调度及控制能力以瘫痪其交通系统，既有利于己方对敌方实施区域封锁，还可有效降低甚至剥夺敌方交通运输动员能力，使其兵力投送效能下降。

二、电磁欺骗可针对用频设备在信息域对敌方实施感知诱扰，使敌方因接纳虚假信息而导致决策失误与行动失准

电磁欺骗是运用一定技术设备与手段向敌方用频设备传递虚假信息，使敌方感知出错进而产生错误判断和采取错误行动的电子对抗行动。在现代战争中，电子信息技术的飞速发展极大提升了军队的信息获取与传递能力，使直接针对人体感官的传统欺骗手段逐渐失去用武之地，而电磁欺骗着眼敌方用频设备进行示假隐真，诠释了现代战争中电磁斗争的"诡道"，是在信息域误导或迷惑敌方的有效手段，有助于事半功倍地争取有利态势以促成制胜。

诱敌置信欺骗信号，引起感知错觉。基于用频设备获取并传递信息是现代战争中战场信息活动的主要方式。军事欺骗的方式总是与战场信息活

动的方式紧密相关，电磁欺骗中的欺骗式干扰，针对敌方用频设备作用机理，利用一定设备、器材有意生成或改变反映相关信息的电磁信号，旨在通过这一方式给敌方造成错觉。例如，模拟敌方卫星导航信号，将事先设定的虚假信息调制入其中，并发射至敌方无人机导航信号接收范围内，使其解调出与实际位置不符的坐标信息；或是发送特定雷达欺骗信号使其与真实目标回波一并进入敌方雷达接收天线，两者叠加后将在敌方雷达显示器上呈现出与实际情况不符的目标数量或运动状态。欺骗方式干扰的对象接收的只是电磁信号解析结果，难以获知信号真实来源与实际组成，只能结合以往经验或运用信号数据库推断信息真伪。当欺骗信号足够逼真或是敌自身鉴别能力不足时，就有可能致使敌方错将欺骗信号承载的虚假信息当作真实信息，产生与目标实际情况不相符甚至相悖的判断，即引起错觉。而产生错觉意味着对真实情况的注意力被诱骗或是分散，必然影响其后续决策的正确性与行动的有效性，如诱使敌方精确制导武器向假目标而去，或是令敌方无法锁定真实目标，被迫处处分兵，难以集中力量，以此为我方争取主动、谋求有利形势。

诱敌误判我方身份，采纳诱骗信息。 无线通信以电磁波为信息载体，是现代战争中传递战场信息的最主要手段。电子冒充则是利用敌无线通信实施的一种电磁欺骗手段：欺骗主体通过一段时间的侦察与分析，摸清欺骗客体所在无线通信网络的呼号及其对应的上下级关系，并破解其口令，在特定时机冒充欺骗客体的上级、下级或平级与其建立通信，以互通呼号、验证口令等方式通过欺骗客体的身份认证，使其相信与欺骗主体共属同一通信网络，进而骗取欺骗客体信任及与虚假身份相对应的权限。欺骗客体误将欺骗主体当作己方就意味着对欺骗主体所发信息的信任与主动采纳，欺骗主体利用这一点可向其发送假情报或下达假指令，对其进行误导甚至控制，即使被冒充者试图澄清事实或纠正偏差，也难以在短时间内消除电子冒充的效果，还有可能引发欺骗客体的困惑，造成失控。在海湾战争中，美军通信电子战部队插入伊军通信网冒充伊拉克指挥员下达指令，导致伊拉克炮兵部队对友军实施炮击，伊拉克指挥员发现下属被骗后立即下达纠偏指令，然而美军又根据纠偏指令向伊拉克炮兵部队下达内容完全相反的假指令，使其无所适从，严重影响了伊军对炮兵部队的指挥控制。这一战例充分说明电子冒充一旦奏效，将对制胜产生事半功倍的促进作用。

诱敌做出错误推断，误判我方动向。在现代战争中，一方指挥员通常将对方电磁活动作为推测对方基本情况与行动意图的重要依据，如根据通信信号的空间分布推断敌方作战力量配置，根据敌方压制性干扰的释放方向预测敌方主攻方向等。类似推测大多基于特定电磁活动对应特定敌情的思维定式，有利于指挥员迅速形成敌情判断进而提高决策效率，但也成为电子佯动的突破口。以登陆作战为例，为确保登陆突击行动顺利实施，我方电子对抗力量必须适度提前对当面守卫之敌的关键电子信息系统实施强烈干扰，以确保登陆集团接敌之前夺取局部制电磁权。局部制电磁权对于登陆突击行动的重要性使得防御之敌高度关注我方电子对抗力量的动向，旨在依据主要电子进攻方向预判登陆突击方向，以此确定防御部署。利用敌方"电子进攻方向即登陆突击方向"这一思维定式，我方可反其道而行之，运用电子对抗力量在非主攻方向上实施强烈干扰，以电子佯攻触发敌方指挥员思维定式，导致其对主要防御方向的错判，从而有利于我方以较小代价完成作战任务。

三、电磁威慑着眼敌方关键电子信息系统示强显威，可在认知域对高度依赖电磁频谱资源的信息时代强敌实施有效慑止

电磁威慑是通过显示针对敌关键电子信息系统的电磁打击能力及实施电磁打击的决心，以期迫使敌方降低对抗强度或放弃预期对抗的电子对抗

行动。电子信息系统是构建并支撑网电空间的重要基础,而电磁频谱资源使用能力是电子信息系统在网电空间中发挥效能的主要依托,它决定了信息化军队的作战效能。电磁威慑着眼强敌方高度依赖的电磁频谱资源使用能力,有效抓住其"要害"实施制约,将成为现代战争中不战而屈人之兵的有效方式。

致敌产生恐惧情绪,斗争意志受挫。信息化强敌拥有先进的电子信息系统,并以其作为侦察、通信、导航等信息活动的主要甚至是唯一工具,一旦电子信息系统无法发挥效能,其作战效能将严重下降;加之电子对抗具有易攻难守的特点,且越是规模庞大、功能完善的电子信息系统,实施电子防护的难度就越大。电磁威慑着眼信息化强敌对电子信息系统的高度依赖,以及电子对抗的易攻难守性,通过向敌方显示我方强大的电磁打击力量与坚定的电磁打击决心,迫使其不得不充分考虑遭受我方电磁打击后由电子信息系统失能而导致的严重后果。对于敌方决策者,无论是感知迷茫、通信中断,还是时空失准、控制失效,都是千方百计想要避免的,而一旦其电子信息系统的防护能力无法抵御我方电子进攻,上述后果就很有可能成为现实。对于电子信息系统失能后果的预测必然引发敌方决策者的恐惧情绪,以及对该后果的逃避愿望,而逃避愿望的产生又会在一定程度上挫伤其实施预期对抗行动的意志,使其或是放弃预先计划或是降低对抗强度,以此避免可能发生的不利局面。

致敌产生疑虑心理,不敢贸然行动。时间、空间与方式均已获悉的威慑在效果上往往不及无法完全洞察的威慑效果,原因在于后者能使威慑客体产生疑虑心理,进而影响其决策与行动。威慑主体向威慑客体传递的电磁威慑信息中通常只会部分透露威慑力量与威慑决心,不会将其全盘托出,如只是告知敌方某一电子对抗"撒手锏"装备的存在,而不透露其作战性能、部署情况、打击目标等具体信息。基于自我保全与防范的本能,威慑客体收到此类电磁威慑信息后势必对其重点关注的未知方面产生猜疑与顾虑,如威慑主体兑现威慑决心的可能、被列为重点打击对象的电子信息系统、"撒手锏"装备的部署等情况。疑虑心理往往令威慑客体在根据电磁威慑信息的已知部分推断或猜想未知部分的过程中,做出比实际情况更加不利于己方的判断,令其在制订计划与调控行动时不仅对已知威胁进行规避,还要防范可能出现的未知威胁。当电磁威慑对威慑客体造成的疑虑心理达到一定程度时,就会影响其决策的果断性与行动的主动性,使其犹豫不决、处处生畏,从而达到威慑的目的。

致敌产生认知定式,拓展施效范围。对敌方实施电磁威慑的关键就在于致使敌方产生有关我方电子对抗"撒手锏"武器威胁巨大,或是某一电子进攻战法难以防范的认知定式,使敌方将我方电子对抗力量的运用与其电子信息系统的失能作为一种必然因果联系固化于思维之中。一旦此类认知定式形成,就可在后续对抗中将上述"撒手锏"武器或战法作为威慑手段运用,将相关威慑信息或明示或暗示于敌方,再次"唤醒"其关于电子信息系统失能的"记忆",令其未战先惧,由此实现不战而屈人之兵。以反辐射攻击为例,美军在海湾战争中多次运用空地反辐射导弹对伊拉克防空雷达实施硬摧毁,展示了反辐射攻击对雷达构成的巨大威胁,令对手形成了反辐射攻击就意味着雷达被摧毁的认知定式。在伊拉克战争中,美伊再度交手,面对美军空中电子战力量,伊拉克地面防空部队未战先惧,为寻求自保而采取限制雷达工作时间,甚至是避免雷达开机的消极措施,致使其自身防空能力丧失殆尽。这一认知定式的施效范围还超出了雷达对抗领域，伊军其他部队慑于美军的反辐射攻击能力，在通信时也采取缩短通联时间、频繁更换电台位置等措施避免被定位与打击，尽管美军当时还不具备对常用通信频段信号实施精确定位及打击通信设备的反辐射摧毁能力，由此可见致敌产生认知定式所具有的广泛电磁威慑效应。

（节选自国家社科基金项目 14GJ003-059 研究报告，有删改）

让电磁态势成为制胜战场的新砝码

朱玉萍　王　海　路　征

信息化战争形态演变至今,信息主导的特征已完全凸显。电磁波作为战场信息的主要载体,在军事领域的应用更引人注目。战场网络信息体系高度依赖电磁波链接和运转,电磁资源和电磁活动构成的电磁空间成为新型战场空间,争夺电磁优势的斗争愈演愈烈,电磁态势随之成为战场态势的崭新要素,进入作战指挥的视野并备受关注。

一、电磁态势是什么

战场态势是指在一定时空范围内,敌我双方各种力量的部署和行动所形成的状态和形势,传统的战场态势包括地面态势、海上态势和空中态势。随着战争形态向信息化演进,战场空间从陆、海、空三维空间拓展到太空、电磁和网络空间,战场态势也如影随形拓展到电磁空间态势。可以说,电磁态势是信息化战场形成的标志性要素,是电磁波在军事领域应用与反应用达到一定程度的产物。掌握信息化战场综合态势,必须在原有战场态势的基础上,叠加电磁态势这个新要素。

从构成要素上看,传统的战场态势主要由作战实体构成,而电磁态势的构成要素包括物质要素、结构要素及行为要素。电磁设备或系统是电磁态势的物质要素，具体体现为侦察预警系统、指挥控制系统、导航识别系统、制导火控系统和电子对抗系统等。电磁设备或系统的分布是电磁态势的结构要素，不仅包括在地理空间上的部署，也包含其发挥作用时在电磁频谱上的分布。电磁活动是电磁态势的行为要素，电磁活动无形无界，不能被人类自然感知，主要体现为电磁设备或系统利用电磁波发挥作战效能的活动，如雷达对敌方目标进行探测、电台发送接收指挥信息等。

从空间分布上看，与地理空间态势相比，电磁态势所涵盖的领域几乎无所不包。信息化战场上，电磁设备或系统发挥着获取信息、传输信息及干扰、破坏敌方信息系统、设备作战效能等重要作用，各军兵种作战力量高度依赖于电磁设备或系统，电磁设备或系统随之分布于各维战场空间，以电磁活动的方式发挥其作战效能。电磁波交织于陆、海、空、天各维地理空间，且以光速传播，可以说无所不在。此外，电磁态势与地理空间态势相互交织、互为支撑，其他战场空间态势的变化会引起电磁态势的变化。

从表现形态上看，地理空间态势通过作战实体的行动就能将态势信息呈现出来，电磁态势则要求将无形的东西转变为显态呈现出来。例如，侦察预警态势的表现形态，不仅包括陆基、海基、空基、天基等侦察预警系统的构成等可见实体，还包括各侦察预警系统的探测范围、受电子干扰后的探测范围等人类无法自然感知的形式。地理空间态势由兵力、火力行动构成，受到行动速度的制约，需要一定的时间积累，且一旦形成，保持时间相对较长。而电磁态势中的电磁设备或系统主要依靠以光速传播的电磁波发挥作用，战场上的电磁设备或系统只要开机工作，相应的电磁态势即可瞬间形成，只要关机，相应电磁态势亦瞬间消失，可以说态势变化发生在一瞬间。

二、电磁态势如何生成

没有电磁空间的激烈斗争和战场复杂电磁环境形成,就没有电磁态势的出现。信息化战场上,电磁频谱资源得到普遍开发,用频设备或系统广泛应用并关联成网,电子攻防斗争激烈,电磁环境足以用"空前复杂"来形容,电磁态势就是对这种复杂电磁环境客观、实时、综合而又直观的反映。以电子对抗侦察为主的各种侦察手段,获取战场电磁活动数据,利用信息处理技术和人工分析判断等方法对数据进行融合关联、计算分析等一系列处理,最终以可视化方式形象直观地表现电磁态势。

第一层级——电子信号参数。情报分析人员对所截获的敌侦察预警、指挥控制等各类系统电磁辐射源的技术和战术参数进行全面分析,得到辐射源的参数典型值、变化范围、变化类型、战术运用规律、通联特征等信息,获取"信号参数"这个"第一手"情报,直接装订入武器平台,为火力摧毁或干扰压制提供目标参数引导,并为下一层级的情报生成提供基础数据支撑。

第二层级——电子目标能力。在电子信号参数分析的基础上,结合资料情报,识别电磁辐射源的类型、用途、型号或网台属性等信息,分析其技术体制、战术和技术性能,如作用距离、测量精度、跟踪速度、通信能力、抗干扰能力等,得到"电子目标能力"情报,用于电子对抗指挥员制订或完善作战方案。

第三层级——目标企图。在电子目标能力分析的基础上,依据辐射源当前的参数类型、通联特征或通信内容等信息,分析辐射源的工作模式、状态和威胁等级,判明该电磁辐射源及其所搭载平台的企图,得到"目标企图判别"结论，服务于电子对抗指挥员和联合作战指挥员，确保及时、准确地实施干扰压制或火力摧毁，并做好电子防御工作，最大限度地发挥己方的作战效能。

第四层级——战斗序列。在电子目标能力和企图判别的基础上，结合资料情报，分析与辐射源关联的敌方指挥结构、部队番号、编成、力量部署和装备隶属关系等，判断各作战力量之间的组网关系、相互作用机理，得到"战斗序列"情报，用于生成战场电磁态势，也可为各级指挥员提供决策依据。

第五层级——电磁态势。电磁态势生成是电子对抗情报分析的最高层级，是把电子对抗侦察情报分析结果和雷达情报、人力情报、资料情报等进行融合印证，根据敌我双方作战行动对电磁活动的依赖性，推测敌方整体作战重心和作战企图，寻找敌方薄弱环节，形成战场综合"电磁态势"情报，用于下一步的态势显示。电磁态势显示是电磁态势生成的最终环节，通过提取特定的电磁态势信息，在一体联动的地理信息平台上，以图、表、曲线、文字注记等形式动态直观地将电磁态势呈现给指挥员。

三、电磁态势有什么用途

电子对抗情报分析处理的每一层级均可服务于相应级别的用户，最高层级的电磁态势的用户主体是电子对抗指挥员和联合作战指挥员，核心用途是为指挥决策和协同作战提供电磁态势信息保障。

服务电子对抗指挥员，使其实时掌握战场电磁状态，及时完善电子对抗任务规划。电子对抗指挥员是最基本的电磁态势使用者。利用电磁态势，指挥员可以及时掌握实时战场电磁状态。在此基础上，电子对抗指挥员可进一步分析找出敌方电子信息系统中的关键目标和主要节点，判断与这些关键目标和主要节点相关的薄弱点，从而确定重点电子攻防目标，合理制订电子对抗计划，指导电子对抗行动。在电磁态势服务电子对抗指挥员方面，美军已有深入研究并有相应系统研发。例如，美陆军"综合电子战系统"中的电子战计划与管理工具，具有存储大量电子战资产信息、随时加载敌方目标信息、实时进行电子战效能评估、提供直观形象的三维显示及进行特定电子战训练等功能，较好地辅助了电子战指挥员的指挥决策。

服务联合作战指挥员，使其能够及时研判作战形势，为联合作战指挥决策提供依据。电磁态势通过融入战场态势"一张图"，进一步服务联合作战指挥员。利用"一张图"中的电磁态势，联合作战指挥员能够判明电磁威胁程度，预测作战态势演变趋势，判断敌方作战企图，进一步为指挥员在分析确定重点作战目标、选择主要作战方向、合理部署兵力兵器及科学筹划信息火力等方面提供依据。在电磁态势服务联合作战指挥员方面，美军主要通过共用作战图将整个作战空间的火力、情报、监视、侦察、后勤、机动等融为一个整体，提供新型的指挥控制方式，实时调整兵力及指导决策过程。依托共用作战图指挥作战已成为信息化战场上美军联合作战指挥员的首选方式。由于现代作战敌对我方对电子信息系统的依赖程度越来越高，电磁态势对战场态势的贡献度必将越来越大，联合作战指挥员对电磁态势的需求也必将越来越紧迫。

（原载于 2018 年 2 月 8 日《解放军报》军事论坛版，有删改）

在复杂电磁环境中砥砺精兵劲旅

刘国军　谈何易

1864 年，英国科学家麦克斯韦在总结前人研究电磁现象的基础上，建立了完整的电磁波理论，为人类揭开了电磁频谱空间的"神秘面纱"。150 多年来，人类在电磁频谱空间内不断进行探索，各种科技成果在促进社会经济发展、方便人类日常生活的同时，也在不断改变战争的形态。现代作战特别是信息化条件下的联合作战，如何提高驾驭复杂电磁环境的能力一直是强国军队必须谨慎面对和高度重视的现实课题。深入学习研究复杂电磁环境下作战训练，不仅能够认识复杂电磁环境的特性和规律，而且能够寻求有效应对复杂电磁环境的对策，让作战训练更加贴近实战、瞄准实战、融入实战。

一、克服认识误区，端正复杂电磁环境下作战训练指导

认识不到位，误区不克服，观念不转变，就很难适应复杂电磁环境对部队作战训练提出的新要求。要扎实推进复杂电磁环境下作战训练，首先要解决思想认识问题。

正视复杂电磁环境影响，克服无所谓思想，树立"将来必用"意识。 复杂电磁环境是我军未来作战必然面对的客观现实，必将深刻影响参战部

队的作战行动。必须正视复杂电磁环境引起的一系列连锁反应和诸多不利因素，加强对策研究与适应性训练，决不能感觉复杂电磁环境离我们很遥远而抱着无所谓的态度，仍然一味地靠老经验、走老套路；决不能觉得复杂电磁环境仅是一个新名词而等闲视之，我行我素。在作战、训练中，不能只考虑兵力、装备的多少，应同步考虑电磁威胁的强弱；不能只考虑部队的机动速度、火力强度，应考虑部队的反侦察、抗干扰能力。指挥员要在复杂电磁环境中训，部队要在复杂电磁环境中练，真正使复杂电磁环境下用兵成为各级指挥员的一种自觉行为，体现到作战的各阶段，渗透到训练的各环节。

认清复杂电磁环境特性，克服畏难思想，树立"真正敢用"意识。眼下有种误区，就是觉得复杂电磁环境看不见、摸不着，神秘莫测，把握不住，怕出问题而回避复杂电磁环境，为考虑安全而不敢用电子干扰。在以往部队演习训练中，电磁蓝军常常因为可能影响预计的演习效果而被要求有限干扰甚至是暂停干扰，在无形中降低了战场电磁环境复杂程度。其实，复杂电磁环境并没有想象的那么神秘和可怕，它具有动态性、对抗性、可控性、相对性等特性。一旦我们走出这个误区，充分认清这些特性，不但可以很好地适应和驾驭，而且还能为我所用，从而从根本上避免重表面、搞摆练、套名词等形式主义，就能勇于迎难而上，敢于在复杂、逼真的电磁环境中真正拉开架势搞对抗，实现在"真抗实扰"中检验装备、摔打部队的目的。

挖掘复杂电磁环境利弊，克服惰性思想，树立"主动作为"意识。面对复杂电磁环境的影响，不应该束手无策，坐以待毙，而必须充分发挥主观能动性，深入挖掘复杂电磁环境的利弊因素，积极主动作为。唯有这样，才能做到趋利避害，变被动为主动，变不利为有利。例如，复杂电磁环境的一个显著特点是各种信号密集拥挤、相互重叠，不可避免地会给侦察设备分选信号和电磁协同带来困难，但同时可以使我方有用信号隐匿在背景信号中，避免被敌方发现、连续跟踪或锁定，也可通过少量高功率、多用途的用频设备模拟出大规模部队的电磁活动，为实施电磁佯动提供有利条件。

二、逐步深化训练，提高驾驭复杂电磁环境的能力水平

目前，我军复杂电磁环境下训练稳步推进，但训练软硬条件还不够完善，训练方法路子还不够规范，必须遵循军事训练一般规律，按照由低到高、由简到繁、循序渐进的原则逐步深入。

开展适应性训练，打牢复杂电磁环境下训练基础。复杂电磁环境下训练是我军面临的一个新课题。目前，有的官兵对复杂电磁环境的感知还不多，研究还不够，意识还不强，复杂电磁环境下训练的基础还比较薄弱。因此，开展适应性训练既是复杂电磁环境下训练的起点，也是不可逾越的重要环节。它可以使官兵在复杂电磁环境下训练，打下理论与实践基础。适应性训练的主要内容有学习基础理论、操作用频装备、研练专项技术和分队战术等，可采用学习、练习、作业、演练等多种方法，按照适应电磁新装备训练、适应自然电磁环境训练、适应复杂电磁环境训练的步骤进行。

开展模拟化训练，增强复杂电磁环境下训练的针对性。设置逼真、复杂的战场电磁环境，积极展开模拟化训练是提高训练有效性和针对性的关键所在。由于我军电子对抗装备主要着眼与敌方进行电子信息系统斗争，用实装来模拟敌对我的电磁辐射环境，在技术体制上很难完全相近，如何设"真"设"像"的问题比较突出；用实装存在装备磨损大、

保障代价高、容易产生电磁泄露等问题。因此，必须加大各型模拟设备的研发力度，加快基地化模拟训练系统建设进度，逐步走开模拟保训、模拟练兵的路子。在设"真"设"像"的问题上，一方面，要加强对敌电磁威胁的电子侦察和技术跟踪，不断改进设置复杂电磁环境的手段和条件，提高环境构建的复杂度和逼真度；另一方面，在技术能力限制的情况下，综合运用实装、半实物仿真和计算机模拟仿真的方法，构建真实与虚拟相结合的电磁威胁环境。

开展对抗性训练，提升复杂电磁环境下的实战化能力。开展对抗性训练不仅是解决"打无对手""练无条件"的有效途径，也是最大限度检验训练效益和实战水平，尽快形成信息化条件下部队实战化能力的"磨刀石"。复杂电磁环境下训练只有在激烈的对抗中才能使受训者开动脑筋，施计用谋，才能真正体现出复杂电磁环境的特点。当然，开展对抗性训练，也要循序渐进，从透明、半透明再到不透明的背靠背训练，逐步提高训练难度，不断加大对抗强度。要充分利用综合训练基地电磁环境复杂的优势，结合综合性演练课题，采取实兵实装对抗与模拟对抗相结合的方式，重点突出技术手段对抗、电磁活动对抗、指挥控制对抗和部队作战行动对抗等，以形成复杂电磁环境下部队实战化能力。

三、着眼实战需求，提升复杂电磁环境下装备使用效能

当前，各级组织的复杂电磁环境下实兵对抗演习逐年增多，参演部队感受最深、最普遍的一点，就是要尽快提升用频装备在复杂电磁环境下训练的适应和实战能力。

抓紧装备抗干扰能力改造升级。未来作战，我方可能面临的电磁威胁巨大，如果不能有效地解决，我方主战兵器作战效能不仅很难得到发挥，其战场生存也将面临较大威胁。因此，必须把提升武器装备的抗干扰能力作为装备改造升级的关键指标，明确提高适应抗干扰需求的技术体制要求。如美军现役通信装备以多频段、多模式、多功能自适应跳频技术与跳频扩频技术相结合为主要特征，在安全稳定性、抗干扰能力等方面具有不俗表现。因此，数据传输设备、火控系统和雷达设备、制导设备等都要升级改造，采用先进技术，既增强抗干扰能力，又减少用频装备的无意干扰，解决自扰互扰问题。

综合采用电磁加固措施。我军的信息化建设起步相对较晚，信息化装备及系统的抗干扰、防电子侦测等电磁防护能力相对较弱，易被敌方侦察、干扰甚至摧毁。因此，要通过综合采取战场电磁加固措施来提高装备战场生存能力，保证装备发挥作战效能。对于电磁信号辐射源，要采取换装定向天线、辐射方向遮蔽等方法，防御敌方电子侦测和反辐射攻击。对于电子设备，要着力提高抗干扰能力，确保发挥装备效能。对于信息化装备及系统应用的作战软件，要确保其在遭到敌方网络攻击和病毒侵入时，能够迅速恢复至初始状态，最大限度降低敌方攻击危害。

灵活实施技战术手段。在实战中，战场电磁环境并不是随意变化的，而是体现参战方战术思想的变化，因此提升复杂电磁环境下装备使用效能，必须尽可能将战术思想融入技术规范。灵活实施技术战术手段，实现人与装备有机结合，这是提高装备使用效能的重要途径。必须在积极融入复杂电磁环境的大背景下，研究探索提高装备作战效能的战训法对策，最大限度地发挥作战装备的现有技术优势，用技战术手段弥补装备性能不足的缺陷。1962—1967年，我军先后击落五架U-2飞机，就是在与敌方进行侦察与反侦察、干扰与反干扰的过程中，不断提高我方防空导弹制导雷达的抗干扰性能，并辅以灵活的战术运用，所取得的辉煌战果。

（原载于2018年1月9日《解放军报》军事论坛版，有删改）

主要参考文献

[1] 中共中央党史和文献研究院. 习近平关于总体国家安全观论述摘编 [G]. 北京：中央文献出版社，2018.

[2] 中央军委政治工作部. 习近平论强军兴军 [G]. 北京：解放军出版社，2017.

[3] 王春晖. 维护网络空间安全：中国网络安全法解读 [M]. 北京：电子工业出版社，2018.

[4] 庄海燕. 网络空间安全与途径构建研究 [M]. 天津：天津科学技术出版社，2018.

[5] 宁焕生，朱涛. 广义网络空间 [M]. 北京：电子工业出版社，2017.

[6] 左晓栋. 网络空间安全战略思考 [M]. 北京：电子工业出版社，2017.

[7] 张影强. 全球网络空间治理体系与中国方案 [M]. 北京：中国经济出版社，2017.

[8] 张磊. 网络空间法治问题研究 [M]. 北京：中国原子能出版社，2017.

[9] 方滨兴. 论网络空间主权 [M]. 北京：科学出版社，2017.

[10] 沈雪石. 国家网络空间安全理论 [M]. 长沙：湖南教育出版社，2017.

[11] 蒋天发，苏永红. 网络空间信息安全 [M]. 北京：电子工业出版社，2017.

[12] 蔡晶晶，李炜. 网络空间安全导论［M］. 北京：机械工业出版社，2017.

[13] 金国峰. 网络空间意识形态安全研究［M］. 沈阳：辽宁大学出版社，2017.

[14] 何哲. 网络社会时代的挑战、适应和转型治理［M］. 北京：国家行政学院出版社，2016.

[15] 蔡军. 美国网络空间作战能力建设研究［M］. 北京：国防工业出版社，2018.

[16] 韩宁. 日本网络安全战略研究［M］. 北京：时事出版社，2018.

[17] 左晓栋. 美国网络空间安全战略与政策二十年［M］. 北京：电子工业出版社，2017.

[18] 单琳锋，金家才，张珂. 电子对抗制胜机理［M］. 北京：国防工业出版社，2018.

[19] 张仕波. 战争新高地［M］. 北京：国防大学出版社，2017.

[20] 谈何易，雷根生，逯杰. 现代电磁战［M］. 北京：国防大学出版社，2016.

[21] 郭璇，肖治庭. 现代网络战［M］. 北京：国防大学出版社，2016.

[22] 司伟建. 现代电子对抗导论［M］. 北京：北京航空航天大学出版社，2016.

[23] 中国电子科技集团公司发展战略研究中心. 网络空间与电子战领域科技发展报告［M］. 北京：国防工业出版社，2018.

[24] Kremlin Janine. Cyberspace, Cybersecurity, and Cybercrime [M]. Los Angeles: SAGE Publications, 2018.

[25] Alison Lawlor Russell. Strategic A2/AD in Cyberspace[M]. Cambridge: Cambridge University Press, 2017.

[26] William Bryant. International Conflict and Cyberspace Superiority [M]. London: Taylor & Francis Group, 2016.

[27] Martin Libicki. Cyberspace in Peace and War [M]. Maryland: Naval Institute Press, 2016.

[28] Hans Heintze. From Cold War to Cyber War[M]. Cham: Springer, 2016.

[29] George Lucas. Ethics and Cyber Warfare: the Quest for Responsible Security in the Age of Digital Warfare [M]. Oxford: Oxford University Press, 2017.

[30] Robert Clark. Cyber-physical Security: Protecting Critical Infrastructure at the State and Local Level [M]. Switzerland: Springer, 2017.

[31] Scott Jasper. Strategic Cyber Deterrence: the Active Cyber Defense Option [M]. Lanham: Rowman&Littlefield, 2017.

[32] Fred Kaplan. Dark Territory: The Secret History of Cyber War [M]. New York: Simon & Schuster, 2016.

反侵权盗版声明

电子工业出版社依法对本作品享有专有出版权。任何未经权利人书面许可，复制、销售或通过信息网络传播本作品的行为；歪曲、篡改、剽窃本作品的行为，均违反《中华人民共和国著作权法》，其行为人应承担相应的民事责任和行政责任，构成犯罪的，将被依法追究刑事责任。

为了维护市场秩序，保护权利人的合法权益，我社将依法查处和打击侵权盗版的单位和个人。欢迎社会各界人士积极举报侵权盗版行为，本社将奖励举报有功人员，并保证举报人的信息不被泄露。

举报电话：（010）88254396；（010）88258888
传　　真：（010）88254397
E-mail：　　dbqq@phei.com.cn
通信地址：北京市万寿路 173 信箱
　　　　　电子工业出版社总编办公室
邮　　编：100036